Matthias Schranner

Verhandeln im Grenzbereich

Strategien und Taktiken für schwierige Fälle

Econ

Der Econ Verlag ist ein Unternehmen
der Econ Ullstein List Verlag GmbH & Co. KG, München

1. Auflage 2001

ISBN 3-430-18068-6

Grafiken: Stefan Melzer
Lektorat: Birgit Krapf
Gesetzt aus der Optima bei Franzis print & media, München
Druck und Bindearbeiten: Clausen & Bosse, Leck

Für den besten Verhandler der Welt:

Meinen Sohn Marco

Inhalt

Danke

Wer ein Problem hat, sollte sich die Frage stellen, was er aus diesem Problem lernen kann. Jede schwierige Verhandlung stellt ein Problem dar und ich habe mich immer gefragt, was ich lernen kann.

So habe ich aus den schwierigsten Verhandlungen das meiste gelernt, auch wenn es mir damals noch nicht bewusst war.

Ich danke deshalb allen meinen Verhandlungspartnern, allen Geiselnehmern, Bankräubern und Drogendealern. Sie haben es mir ermöglicht, in den Grenzbereich der Verhandlung vorzudringen.

Auf polizeilicher Seite habe ich sehr viel von Walter Renner, Ernst Wanninger und Willi Hartl gelernt. Sie haben mir vor allem die Coolness, das Nicht-Reagieren beigebracht.

Ich habe die Inhalte dieses Buches in vielen Trainings und Coachings angewandt. Durch das Feedback meiner TeilnehmerInnen war es mir möglich, die Praxistauglichkeit meiner Tipps immer wieder zu testen. Ich danke deshalb allen TeilnehmerInnen für das offene und detaillierte Feedback.

Für die Unterstützung beim Schreiben dieses Buches bedanke ich mich herzlich bei Birgit Krapf und Matthias Weiner. Sie haben mich äußerst professionell von der ersten Zeile bis zum Druck begleitet.

Besonders schätze ich das persönliche und freundschaftliche Feedback meiner Freunde und Partner, die mein Buch aus Sicht der Leser begleitet haben. Bei meiner Frau Gabriele, Silke Franceschin, Martin Fenk, Christine Platzer, Manfred Geissler und Manfred Bühler bedanke ich mich für nächtelange Diskussionen mit sehr hilfreichen Tipps.

Die meisten Verhandlungen habe ich in meinem Leben zu einer zufrieden stellenden Vereinbarung geführt. Seit fünf Jahren verliere ich täglich Verhandlungen. Ich gebe nach, obwohl ich nicht nachgeben müsste. Ich verliere, obwohl ich die Macht zum Gewinnen hätte. Diese Niederlagen machen mir am allermeisten Spaß. Ein Widerspruch? Nein. Es ist die Bewertung. Meine Bewertung. Subjektiv wie ich nun einmal bin. Deshalb geht der größte Dank an meinen größten Lehrmeister und den besten Verhandler der Welt. Sie wissen ja, meinen Sohn Marco.

Einleitung: Die sieben Gesetze des Verhandelns im Grenzbereich

Als Polizeibeamter, Drogenfahnder und Verhandlungstrainer beim Fortbildungsinstitut des Innenministeriums wurde ich mit den schwierigsten Verhandlungen konfrontiert. Ich habe mit Geiselnehmern, Bankräubern und Drogendealern verhandelt. Meine Verhandlungspartner waren genau wie ich in höchster Anspannung, es stand sehr viel auf dem Spiel – Freiheit, Gesundheit, Leben – wir befanden uns im Grenzbereich der Verhandlungsführung.

Nach meinem Studium begann ich, meine Erfahrungen aus den schwierigsten Verhandlungen in Trainings und Seminaren für Manager zugänglich zu machen. In diesem Buch berichte ich erstmals über meine persönlichen Verhandlungserlebnisse und gebe Ihnen Tipps, damit Sie Ihre schwierigen Verhandlungen meistern können.

Die Gesetzmäßigkeiten einer Verhandlung sind immer die gleichen, egal ob Sie mit Geiselnehmern, mit ihrem Partner oder mit schwierigen Kunden verhandeln. Sie werden immer versuchen, sich an das maximal Mögliche heranzutasten. Dabei ist es beinahe eine Selbstverständlichkeit, dass die Wünsche des einen nicht unbedingt mit den Wünschen des anderen übereinstimmen. So entstehen Konflikte zwischen Menschen, zwischen Gruppen und zwischen Ländern. Der Konflikt an sich ist noch kein Problem, viele Konflikte lassen sich durch eine Verhandlung lösen. Schwierig wird es erst, wenn eine Seite unbedingt gewinnen will und die andere dadurch in eine Verliererrolle gezwungen wird, denn dann kann es keine zufrieden stellende Vereinbarung mehr geben. Dann gibt es Krieg: Ehekrieg, Preiskrieg, Krieg mit Waffen.

Sie verhandeln täglich mit Ihrem Partner über den Einkauf, die Finanzen, die Erziehung der Kinder, darüber, wer den Müll runterträgt und wer das Auto waschen soll. Sie verhandeln mit Ihren Kindern, wann sie das Zimmer aufräumen sollen, wann sie die Hausaufgaben machen sollen und wann sie ins Bett gehen müssen. Sie verhandeln mit Ihrem Chef, wenn Sie früher von der Arbeit nach Hause gehen wollen, wenn Sie ein Projekt betreuen oder wenn Sie mehr Geld haben möchten.

Das Ziel ist eine zufrieden stellende Vereinbarung

Die meisten dieser Verhandlungen sehen Sie als normal an. Sie wissen, wie Sie die Situationen am besten meistern können. Durch mehrfaches Ausprobieren haben Sie sich für viele Gesprächssituationen einen Leitfaden in Ihrem Kopf bereitgelegt, der Sie fast immer zum Erfolg führt. Und dennoch hat dieser Leitfaden nicht für alle Verhandlungen Gültigkeit. Sie bewerten die meisten Verhandlungen als normal, und einige als schwierig. Der Unterschied liegt dabei allein in *Ihrer* Bewertung. Schwierig wird es, weil Sie den Verhandlungspartner oder die Situation nicht einschätzen können. Vielleicht lässt Sie der Mangel an Informationen oder Ihr mangelndes Verhandlungsgeschick unsicher werden. Möglicherweise haben Sie schlichtweg Angst vor den Konsequenzen oder der Macht des Verhandlungspartners.

Wenn Sie eine Unterstützung für Ihre Verhandlung brauchen, dann können Sie auf zahlreiche Verhandlungsratgeber zurückgreifen. Die meisten bieten eine Hilfestellung, wenn der Verhandlungspartner mitspielt; wenn auch der Verhandlungspartner vom Nutzen einer zufrieden stellenden Vereinbarung überzeugt ist und deshalb konstruktiv mitarbeitet.

Wenn Ihr Verhandlungspartner jedoch nicht mehr mitspielt, wenn er glaubt, ohne Sie gewinnen zu können, dann brauchen Sie eine erfolgreiche Strategie: *Verhandeln im Grenzbereich* ist der Ratgeber für schwierige Verhandlungen. Alle Strategien und Taktiken sind von mir in der Praxis erfolgreich angewandt worden: bei Verhandlungen mit Geiselnehmern und bei Verhandlungen mit Managern.

Sie lernen in diesem Buch die »Sieben Gesetze des Verhandelns im Grenzbereich« kennen:

1. Wie Sie Ihren Verhandlungspartner vor und während der Verhandlung analysieren;
2. wie Sie die richtige Strategie und Taktik formulieren und anwenden;
3. wie Sie mit den richtigen Argumenten überzeugen;
4. wie Sie die Führung in der Verhandlung übernehmen;
5. wie Sie Ihre Macht zeigen;
6. wie Sie den Widerstand Ihres Verhandlungspartners brechen;
7. wie Sie dafür sorgen, dass die Vereinbarung eingehalten wird;

Sie halten einen Ratgeber in Ihren Händen, der Ihnen zeigt, wie Sie eine zufrieden stellende Vereinbarung erreichen, wenn Ihr Verhandlungspartner konstruktiv mitarbeitet. Zusätzlich erfahren Sie, wie Sie vorgehen sollten, wenn Ihr Verhandlungspartner dies nicht mehr tut.

Im Anhang finden Sie ein Arbeitshandbuch, mit dem Sie sich schrittweise durch eine Verhandlung lotsen können.

Hinweise zum Sprachgebrauch in diesem Buch

Wie sollte ich den Verhandlungspartner nennen? Gegner, Gegenüber, Feind ...? Ich habe mich für die neutrale Form »Verhandlungspartner« entschieden, weil Sprache Bewusstsein schafft: Weil jede Person, mit der Sie verhandeln, grundsätzlich Ihr Partner auf dem Weg zu einer zufrieden stellenden Vereinbarung sein sollte. Selbst wenn er unfair wird, bleibt er Ihr Partner, weil Sie ohne ihn zu keiner langfristig angelegten zufrieden stellenden Vereinbarung kommen. Alle harten Formulierungen wie Gegner oder Feind implizieren bereits den Willen zum Sieg oder zum vernichtenden Schlag. Das Ziel einer Verhandlung ist aber nicht der Sieg, weil jeder Sieg einen Verlierer hat. Das Siegen in einer Verhandlung produziert deshalb oft die nächste schwierige Verhandlung.

Am Ende jedes Kapitels finden Sie eine Zusammenfassung meiner Verhandlungstipps. Zusätzlich erfahren Sie außergewöhnliche Tipps, die in keinem anderen Ratgeber zu finden sind – die Verhandlungstipps für den Grenzbereich.

Gesetz 1:

Analysieren Sie Ihren Verhandlungspartner

Bei allen schwierigen Verhandlungen sollte man nicht damit rechnen, sofort nach der Aussaat zu ernten, man muss die Sache vorbereiten und sie allmählich reifen lassen. SIR FRANCIS BACON

Damit Sie die Verhandlung gut vorbereiten können, benötigen Sie Wissen. Wissen über Ihren Verhandlungspartner, über sein Unternehmen, seine Mitarbeiter und sein soziales Umfeld. Wenn Sie eine schwierige Verhandlung erwarten, benötigen Sie mehr Wissen als Ihr Verhandlungspartner. Das Wissen erlangen Sie durch eine gründliche Analyse, vor und während der Verhandlung.

Analyse des Verhandlungspartners vor der Verhandlung

- Welche Positionen und welche Motive hat Ihr Verhandlungspartner?
- Welche Verhandlungsinhalte erwartet Ihr Verhandlungspartner?
- Beschaffen Sie sich die wichtigen Informationen
- Lassen Sie Ihren Verhandlungspartner zur Informationsgewinnung beobachten

Analyse des Verhandlungspartners während der Verhandlung

- Setzen Sie das analytische Zuhören ein
- Analysieren Sie die Sprache Ihres Verhandlungspartners
- Analysieren Sie die Körpersprache Ihres Verhandlungspartners

Analyse des Verhandlungspartners vor der Verhandlung

Mit einer guten Vorbereitung können Sie bestimmen, welche Prioritäten Sie setzen werden und welche Dynamik Sie der Verhandlung geben möchten. Manche Verhandlungsführer halten sich für vorbereitet, wenn sie wissen, was sie erreichen und worauf sie verzichten wollen. Aber diese Vorbereitung auf Positionen führt zu Verhandlungen um Positionen.

Welche Positionen und welche Motive hat Ihr Verhandlungspartner?

Eine **Position** ist ein Standpunkt mit Forderungen und Behauptungen, den ein Verhandlungspartner nach außen vertritt.

Eine Position ist der nach außen vertretene Standpunkt

Ein Geiselnehmer nimmt eine Position des Forderns ein, er will Geld und ein Fluchtfahrzeug für seine Geisel. Wenn er das Geld und das Fluchtauto nicht bekommt, wird er die Geisel erschießen. Soweit seine Position.

Ein Polizeibeamter als Verhandlungsführer nimmt die entgegengesetzte Position ein. Er ist dafür da, Recht und Ordnung aufrechtzuerhalten. Geiselnahme ist ein Verbrechen, die Polizei muss Verbrecher verhaften und einsperren. Außerdem muss der Polizist für den Schutz und die Sicherheit der Geisel sorgen. Soweit seine Position. Wenn wir nur die beiden Positionen betrachten, kann es keine Einigung geben. Der Geiselnehmer will mit dem Geld abhauen, der Polizeibeamte kann einen Verbrecher nicht weglaufen lassen.

Wie gut, dass es hinter den Positionen noch **Motive** gibt.

Analysieren Sie die Motive, die hinter Positionen stecken

Wichtig ist, die Motive des anderen zu erfahren. Ihre Aufgabe ist es, die Motive Ihres Verhandlungspartners zu analysieren.

Die Motive Ihres Verhandlungspartners sind – unabhängig von seiner Position – die Dinge, die er benötigt oder um die er sich Sorgen macht.

Ein sehr schönes Beispiel wird im Harvard-Konzept[1] aufgeführt.

Zwei Kinder streiten sich um eine Orange. Eines will die Schale, um einen Kuchen zu backen, das andere die Frucht, um Saft zu pressen. Jedes der Kinder beharrt auf seiner Position: »Ich möchte die Orange!« Schließlich einigen sie sich darauf, die Orange zu teilen. Aber beide hatten zugrunde liegende Motive, die besser befriedigt worden wären, wenn ein Kind die ganze Frucht und das andere die ganze Schale erhalten hätte.

Konzentrieren Sie sich bei Ihrer Vorbereitung also nicht auf Positionen. Weder auf die Position des Verhandlungspartners, noch auf Ihre Position.

Wenn Sie Ihre Position im Kopf haben, werden Sie Forderungen statt Motive formulieren. Forderungen beinhalten meist ein Limit. Sobald Ihr Verhandlungspartner von einer Forderung mit einem Limit hört, wird er seine Position noch stärker betonen und seinerseits ein Limit kommunizieren. Er will ja schließlich nicht verlieren. Und schon befinden Sie sich in einem »Grabenkampf«, in dem sich jeder seinen Graben schaufelt und dann nur noch herausguckt, aber nicht mehr herauskommt. Beide Seiten zwingen sich dazu, hart zu bleiben, indem sie darauf beharren, dass ihre Position die korrekte ist.

Ihr Verhandlungspartner kommuniziert seine Position, also seinen Standpunkt mit Forderungen und Behauptungen.

Konzentrieren Sie sich nicht auf seine Position, sondern auf seine Motive.

So ein Machtkampf setzt die Beziehung zwischen den Verhandlungspartnern mächtig unter Druck.

Preisgespräche laufen oft über diese Schiene ab. Der Kunde fordert ein Limit und der Verkäufer springt auf diesen Zug auf und formuliert seinerseits ein Limit. Irgendwann werden die beiden sich bei einem Preis einigen. Wahrscheinlich in der Mitte der erstgenannten Positionen.

Formulieren Sie Ihre Motive

Wenn Sie unsicher sind, ob es sich um eine Position oder um ein Motiv handelt, dann sollten Sie prüfen, ob es mehr als eine Möglichkeit der Befriedigung gibt. Wenn es nur eine Möglichkeit gibt, ist es eine Position. Das ist zum Beispiel dann der Fall, wenn ein Kunde 20 Prozent Rabatt von Ihnen fordert. Er verlangt 20 Prozent und damit basta. Wenn er sagt, er möchte zu einem guten Preis-Leistungs-Verhältnis einkaufen, ist es ein Motiv. In diesem Fall können Sie den Preis senken oder die Leistung erhöhen.

Wenn Sie ein Motiv identifiziert haben, geht die Arbeit erst richtig los. Dann liegt es an Ihnen, die noch verborgenen Motive zu analysieren.

Ein Beispiel:

Ein Geiselnehmer entführte eine Frau und verschanzte sich mit ihr in ihrer Wohnung. Er meldete sich bei der Polizei und verlangte eine Million Mark Lösegeld und ein großes, vollgetanktes Fluchtfahrzeug.

Angenommen, Sie führen auf Seiten der Polizei die Verhandlungen mit dem Geiselnehmer, wie würden Sie vorgehen? Natürlich ist die Wohnung umstellt, die Nachbarn sind evakuiert, Scharfschützen liegen auf den umliegenden Dächern für den Notfall bereit.

Mit welcher Gesprächsstrategie gehen Sie diese Geiselnahme an? Sie werden auf Zeitgewinn hinarbeiten und eine menschliche Beziehung zu ihm aufbauen. Das stimmt natürlich alles, aber: Welche Fragen stellen Sie dem Geiselnehmer, welche Erkundigungen holen Sie ein?

Diskutieren Sie mit ihm über das Lösegeld, versuchen Sie die Summe zu drücken? Verhandeln Sie mit ihm über das Fluchtfahrzeug? BMW oder Mercedes?

Die entscheidende Frage ist: Warum hat er die Geisel entführt? Will er wirklich nur Geld und einmal ein schickes Auto fahren? Welche Motive stecken hinter seiner Position?

Die Realität:
Bei einer Geiselnahme forderte ein Geiselnehmer Geld und ein Fluchtauto. Ein Team von Spezialisten mit einem meiner Kollegen führte die Verhandlung. Während des Gesprächs stellte sich heraus, dass seine Freundin mit ihm Schluss gemacht hatte. Sie hatte ihm zum Abschied gesagt, dass er kein »richtiger Mann« sei. Er sah sich gezwungen, seiner Ex-Freundin zu beweisen, dass er doch ein »richtiger Mann« ist. Richtige Männer sind stark und haben alles im Griff. Also entschloss er sich zu einer Geiselnahme. Der Täter wollte von seiner Ex-Freundin anerkannt werden, wollte Zuneigung und Aufmerksamkeit. Das war das Motiv hinter seiner Position.

Was wäre passiert, wenn um das Lösegeld und das Fluchtauto verhandelt worden wäre? Es wäre um die falsche Sache gegangen. Der Geiselnehmer sagte, was er haben will, also seine Position. Er sagte aber nicht, warum er das haben will. Vermutlich hätte er es auch gar nicht sagen können. Er forderte Geld und ein Fluchtauto. In Wirklichkeit brauchte er aber Zuneigung und Anerkennung. Durch das vom Verhandlungsteam vermittelte Telefongespräch mit der Ex-Freundin konnte ihm die Anerkennung gegeben werden. Sein Motiv wurde erkannt und es wurde auf dieses Motiv reflektiert.

Jede Verhandlung beginnt mit einem Motiv. Jeder Beteiligte hat Motive, die er in einer Verhandlung befriedigen möchte. Werden die Motive der anderen Seite richtig erkannt und berücksichtigt, dann ist ein Übergang vom reinen Verteilungskampf zum gegenseitig vorteilhaften Tauschgeschäft möglich. Die Verhandlung wird so von einem Thema (etwa dem Lösegeld) auf mehrere Themen (die Motive) erweitert. Damit ein solcher Tausch auch funktioniert, müssen beide Seiten noch andere unerfüllte Wünsche besitzen. Das können echte oder eigens zu diesem Anlass geweckte sein.

Mit einer optimalen Vorbereitung, aufmerksamer Beobachtung und geschicktem Fragen vor und während der Verhandlung werden Bedürfnisse und Motive ermittelt.

Der Beweggrund des Geiselnehmers war nicht auf den ersten Blick zu erkennen. Auch bei anderen Verhandlungen haben die wichtigsten Motive oft keine sichtbare Verbindung mit den Verhandlungen und müssen erst in den richtigen Zusammenhang gestellt werden.

Jeder Mensch hat Motive – nach der **Pyramide von Abraham Maslow** (1954)[2] , einem Vertreter der Humanistischen Psychologie, hat jeder Mensch Grundbedürfnisse und, darauf aufbauend, Motive.

Die Bedürfnispyramide von Abraham Maslow.

Eine Stufe der Pyramide wird erst erreicht, wenn die Bedürfnisse der jeweils niedrigeren Ebene einigermaßen befriedigt worden sind. Auf der anderen Seite verlieren die bereits erfüllten Wünsche ihren Einfluss auf das Verhalten eines Menschen. Nach dem Konzept der Maslow-Pyramide kommt es also entscheidend darauf an, auf welcher Stufe der Pyramide sich ein Mensch gerade befindet.

Die **Grundbedürfnisse** Essen, Trinken und Schlafen (die Experten streiten noch, ob Sex ein Grundbedürfnis ist) sind bei den meisten von unseren Verhandlungspartnern gedeckt.

Die zweite Stufe ist nach Maslow das Bedürfnis nach **Schutz und Sicherheit**. Es geht Menschen darum, die Angst vor einer ungewissen Zukunft zu verringern. Das heißt selbstverständlich nicht, dass jeder Mensch ein Leben ohne Risiko anstrebt. Jeder Mensch hat eine andere Vorstellung davon, wie viel Risiko er eingehen möchte. Ist diese persönliche Risikogrenze einmal überschritten, dann wird Sicherheit zu einer bedeutenden Motivation. In die Begriffe des täglichen Lebens übertragen, geht es auf dieser Stufe um ein sicheres Einkommen und die Sicherheit des eigenen Arbeitsplatzes. Ist das Schutz- und Sicherheitsbedürfnis im Moment und auf absehbare Zeit erfüllt, dann richten sich die Motive der dritten Stufe in der Theorie von Maslow auf das soziale Umfeld. Jeder möchte mit anderen Menschen in **Kontakt** treten, Freundschaft und Liebe erfahren und von anderen akzeptiert werden. Gerade die Zugehörigkeit zu einer Gruppe ist ein wichtiges Motiv, das wir alle – bewusst oder unbewusst – verfolgen. Auch ein Einzelgänger möchte zu einer Gruppe gehören, meist zu einer sehr kleinen Gruppe mit anderen Einzelgängern.

Der nächste Schritt nach der Einbindung in die Gesellschaft – mittlerweile Stufe 4 der Pyramide – ist das Streben nach einer angesehenen Rolle. Der **Anerkennung** als Mensch soll die Anerkennung der eigenen Leistungen und Fähigkeiten folgen. Respekt, Status, ein guter Ruf – die Ziele auf dieser Ebene haben viele Namen, doch eines haben sie alle gemeinsam: Die Achtung durch andere erhöht die Selbstachtung.[3] Wir fühlen uns besser, wenn wir Erfolg haben und deshalb befördert werden, uns ein neues Auto oder eine größere Wohnung leisten können. Ein höheres Einkommen dient deswegen fast nie zur Verwirklichung der Stufen 1 und 2, sondern zur Befriedigung der Motive in den Stufen 3 und 4.

An der Spitze der Pyramide finden wir ähnlich persönliche Motive, die sich jedoch nicht mehr auf die Gesellschaft, sondern ausschließlich auf die eigene Person beziehen. Die Messlatte ist dort nicht mehr die Gruppe, sondern das eigene Potenzial. Auf dieser Motivstufe strebt der Mensch nach Selbsterfüllung und **Selbstverwirklichung**. Er will alles erreichen, was er sich selbst zutraut. Die Motive dieser Stufe sind von Mensch zu Mensch sehr verschieden. Das reicht vom Besitz einer Yacht bis zum Leben als Mönch in einem tibetanischen Kloster. Eines haben aber auch sie gemeinsam: Sie entsprechen jeweils dem Lebensziel der betreffenden Person und sind daher äußerst wichtig zu nehmen.

Ein Beispiel:

Zur Zeit des Jugoslawienkriegs wurde eine Reportage über die Versorgung der Einwohner von Sarajewo gesendet. An einer Suppenküche des Roten Kreuzes standen Menschen in einer langen Schlange für einen Teller Suppe an. Die Suppenküche grenzte an die »Heckenschützenallee« in Sarajewo. Wer über diese Straße laufen musste, war in höchster Lebensgefahr. Heckenschützen schossen damals auf jeden, der die Straße überquerte. Dennoch nahmen die Einwohner diese Gefahr auf sich, um sich einen Teller Suppe zu holen. Das Kamerateam wollte einen alten vollbärtigen Mann in dieser Menschenschlange interviewen.

Als sie das Mikrofon und die Kamera auf den Mann richteten, drehte er sich mit den Worten weg: »Interviewen Sie mich bitte nicht, ich schäme mich so. Ich war vor dem Krieg ein angesehener Professor an der Universität, heute stehe ich um einen Teller Suppe an.«

Vor Kriegsbeginn hatte dieser Mann die Bedürfnispyramide von Maslow bis zur Spitze erreicht. Essen, Trinken, Schutz und Sicherheit waren als Grundbedürfnisse gedeckt. Soziale Kontakte, Anerkennung und Selbstverwirklichung waren gewährleistet. Jetzt, an dieser Suppenküche, waren ihm Selbstverwirklichung, Anerkennung und soziale Kontakte egal. Sogar Schutz und Sicherheit gab er auf, um das Grundbedürfnis Essen und Trinken decken zu können.

Für Verhandlungen gibt diese Pyramide entscheidende Hinweise zu den Beweggründen unserer Verhandlungspartner.

Der Geiselnehmer aus dem vorangegangenen Beispiel wollte unbedingt sein Bedürfnis nach Anerkennung befriedigen. Sein Verlangen nach Geld war lediglich eine vorgeschobene Position.

Deshalb ist es von enormer Wichtigkeit, die tatsächlichen Motive unserer Verhandlungspartner zu analysieren.

Einer Ihrer Mitarbeiter fordert beispielsweise von Ihnen eine Gehaltserhöhung. Er sagt, er will zehn Prozent mehr Gehalt. Jetzt liegt es an Ihnen, die Motive Ihres Mitarbeiters zu analysieren.

Versetzen Sie sich gedanklich in die Lage Ihres Mitarbeiters. Wird er mehr Geld brauchen, weil er zum Beispiel umgezogen ist? Ist er bei einer Beförderung »vergessen« worden? Wird ihm zu wenig Verantwortung übertragen? Für jedes dieser Motive ist eine andere Reaktion denkbar.

Mangelt es Ihrem Mitarbeiter an Geld, um die Familie zu versorgen, dann ist eine Gehaltserhöhung wohl die richtige Reaktion.

Braucht er jedoch mehr Geld für die Versicherung seiner Kinder, dann kann das Anbieten einer firmeninternen Versicherung sein Motiv befriedigen.

Wenn sich der Mitarbeiter von seinen Kollegen oft ausgeschlossen fühlt, ist die Integration in eine wichtige Arbeitsgruppe oder Einladungen zu gemeinsamen Geschäftsessen die richtige Alternative.

Sollte Ihre Analyse aber ergeben, dass er eine Gehaltsforderung stellt, weil er diese als Anerkennung für seine Arbeit sieht, dann wären sichtbare Zeichen der Anerkennung wie ein größeres Büro oder ein größerer Dienstwagen besser geeignet. Vielleicht setzt der Mitarbeiter auch eine Gehaltserhöhung mit dem Vertrauen in seine Person gleich. Dieses Vertrauen können Sie zeigen, indem Sie ihm mehr Verantwortung übertragen und ihm so die Möglichkeit zur Selbstverwirklichung im Unternehmen geben. Anhand der grafischen Darstellung sehen

Sie fünf grundsätzlich verschiedene Reaktionen auf dieselbe Forderung:

Der Mitarbeiter fordert zehn Prozent mehr Gehalt. Ihre Reaktion spiegelt die jeweilige Stufe in der Pyramide nach Maslow wider:

Die gleiche Forderung führt zu fünf verschiedenen Reaktionen.

Selbstverwirklichung → eigenverantwortlicher arbeiten lassen
Anerkennung → größeres Büro, größerer Dienstwagen
soziale Bedürfnisse → in wichtige Arbeitsgruppe integrieren
Schutz und Sicherheit → firmeninterne Versicherung anbieten
Grundbedürfnisse → Gehaltserhöhung gewähren

Die gleiche Ausgangslage führt zu fünf verschiedenen Reaktionen. Die Reaktionen in den Stufen 2 bis 5 sind effektiver und für Ihr Unternehmen meist günstiger als die Gehaltserhöhung in Stufe 1.

Welche Inhalte erwartet Ihr Verhandlungspartner?

Stellen Sie frühzeitig eine Liste mit den Inhalten zusammen, die Sie in der Verhandlung ansprechen möchten. Welche Fragen müssen beantwortet werden, damit die Vereinbarung umgesetzt werden kann? Die Fragen spiegeln Ihre **Motive** und die Motive des Verhandlungspartners wider, nicht die **Positio-**

nen. Bringen Sie nach der Sammlung dieser Fragen alle Punkte in eine Prioritätenliste. Was muss, was soll und was kann verhandelt werden?

Manchmal ist es sinnvoll, dem Verhandlungspartner bereits vor einem persönlichen Treffen die Inhalte der Verhandlung mitzuteilen. Achten Sie dabei jedoch darauf, weder Positionen noch Ziele aufzuführen. Wenn Sie Ihre Ziele bekannt geben, hat Ihr Verhandlungspartner viel Zeit, diese Ziele zu analysieren und sich darauf einzustellen. Nennen Sie also nur die sachliche Beschreibung der Situation oder des Problems; nicht aber Ihre Position zu dieser Situation oder dem Problem. Sie können den Verhandlungspartner in Kenntnis der Inhalte setzen, Sie dürfen ihm aber auf gar keinen Fall einen Wissensvorsprung einräumen.

Wichtig ist eine gründliche Vorbereitung

Beschaffen Sie sich die wichtigen Informationen

Da Sie Ihrem Verhandlungspartner nicht alles glauben werden und auch nicht glauben dürfen, sollten Sie sich alle notwendigen Informationen über andere Kanäle beschaffen. Aber was können Sie konkret tun, um an die gewünschten Informationen zu kommen?

Professionelle Verhandler bereiten sich intensiv auf eine Verhandlung vor. Wissen ist Macht. Wissen über den Verhandlungspartner ist auch ein Zeichen, dass der Verhandlungspartner geschätzt wird. Nur wer sich wirklich interessiert, wird die Zeit und Energie für eine detaillierte Vorbereitung auf sich nehmen. Bereits vor der Verhandlung bieten sich gute Möglichkeiten zur Informationsgewinnung:

- **Internet:** Das Internet ist eine umfangreiche, schnelle und günstige Informationsquelle. Die Homepage des Verhandlungspartners oder seines Unternehmens bietet eine Menge Informationen. Buttons wie »Partner«, »Unser Team« oder

»Wir über uns« führen in die Philosophie des Unternehmens ein. Hier erfahren Sie, was dem Unternehmen wirklich wichtig ist. Wenn dort beispielsweise die hohe Kundenzufriedenheit oder ein sehr hohes Empfehlungsgeschäft aufgeführt wird, so bietet sich hier bereits ein griffiges Argument für die Verhandlung.
Recherchieren Sie auch in verschiedenen Suchmaschinen nach dem Namen des Verhandlungspartners. Die gefundenen Begriffe verweisen unter anderem auf Veröffentlichungen, Kundenkontakt und Presseberichte. Hier finden Sie aktuelle Probleme und Zielsetzungen. Aufgrund der Veröffentlichungen und der Presseberichte erkennen Sie die Positionierungen, die nach außen kommuniziert werden. Sie erhalten außerdem Informationen über die neuesten Änderungen im Personalmanagement. Möglicherweise gab es eine personelle Veränderung, die für Ihre Verhandlung wichtig sein kann.
Die Mitgliedschaft in Vereinen oder Gewerkschaften, Veröffentlichungen in Fachmagazinen oder Zeitungen und vielleicht auch die Freizeitbeschäftigungen Ihres Ansprechpartners können ebenso wertvolle Informationen für die Verhandlung sein. All das ist völlig legal. Wichtig für Sie ist, so viele Informationen wie irgend möglich über das Unternehmen oder den Verhandlungspartner zu erhalten.
Von großem Nutzen wird es auch sein, wenn Sie sich den Newsletter des Unternehmens regelmäßig zusenden lassen. Sie finden den Antrag für dieses regelmäßige E-Mail meist unter der Rubrik »Kontakte«. Im Newsletter erfahren Sie die aktuellen Informationen zu Veränderungen in dem Unternehmen. So werden Sie absolut kostenfrei und schnell mit den neuesten Informationen versorgt.

- **Mitarbeiter befragen:** Kennen Sie bereits Mitarbeiter Ihres neuen Verhandlungspartners? Wenn ja, dann rufen Sie doch einfach an und fragen nach den Informationen, die Sie noch benötigen. Meine Erfahrungen zeigen, dass diese Informationen bei aufrichtigem und ehrlichem Interesse gerne zur Verfügung gestellt werden. Es geht ja auch nicht um Geheim-

dienstdokumente, sondern um Informationen, die Sie für ein professionelles Verhandlungsgespräch brauchen.
Wenn Sie niemanden im Unternehmen kennen, dann rufen Sie trotzdem einfach an. Sprechen Sie mit der Sekretärin Ihres Verhandlungspartners und erklären Sie ihr die Situation. Sie werden erstaunt sein, wie unkompliziert Ihr Wunsch nach Informationen behandelt wird.

Lassen Sie Ihren Verhandlungspartner beobachten

Zur Informationsgewinnung ist es auch möglich, den Verhandlungspartner beobachten zu lassen.

Ein Beispiel:
Rockefeller hatte sich in New York eine gute Möglichkeit der Beobachtung ausgedacht. Nach einer Verhandlung begleitete er seine Gäste noch zum Aufzug. Er verabschiedete sich dort und ging zurück in sein Büro. Ein von ihm angestellter junger Mann in Arbeiterkleidung kam »zufällig« vorbei und fuhr mit den Gästen im Aufzug. Der junge Mann ging in einiger Entfernung noch mit bis zur Straße, wo die Gäste meistens in ein Taxi stiegen. Anschließend berichtete er seinem Chef von dem Gespräch der Gäste, die sich dabei natürlich unbeobachtet gefühlt hatten.

Diese Methode der Informationsgewinnung ist auch bei der Polizei sehr beliebt. Spätestens seit dem Fernsehfilm »Der Schattenmann« weiß jeder Bundesbürger, wie verdeckte Ermittler arbeiten. Sie haben eine vollkommen neue Identität, einen neuen Namen, neue Ausweise, eine andere Wohnung und einen neuen Beruf. Dieses vorgespielte Leben, im Fachjargon »Legende« genannt, ist so lückenlos und glaubhaft, dass Sie es mit Sicherheit nicht merken, wenn Sie es mit einem verdeckten Ermittler zu tun haben. An dieser Stelle sei vermerkt, dass der Einsatz von verdeckten Ermittlern an strenge gesetzliche Auflagen gebunden ist. Sie müssen also schon einem schwerwiegenden Verdacht ausgesetzt sein, um mit dieser Art der Informationsgewinnung konfrontiert zu werden.

Wenn Sie selbst Informationen »verdeckt« bekommen möchten, dann achten Sie bitte auf die rechtlichen Vorschriften. Zu Bild- oder Tonmitschnitten von Verhandlungen muss Ihr Verhandlungspartner sein Einverständnis erklären. Ansonsten machen Sie sich strafbar!

Natürlich gibt es noch mehr Möglichkeiten zur Informationsgewinnung wie beispielsweise das Durchstöbern von Pressearchiven. Das ausführliche Darstellen dieser Methoden würde jedoch den Rahmen dieses Buches sprengen.

Meine Verhandlungstipps

- Seien Sie auch außerhalb der Verhandlung sehr verschwiegen und geben Sie keine Informationen preis.
- Lassen Sie keine Unterlagen mit wichtigen Informationen ohne Aufsicht herumliegen, es sei denn, Sie möchten Ihren Verhandlungspartner auf eine falsche Fährte locken.

Tipps für die Vorbereitung einer Verhandlung:

Eine sorgfältige Vorbereitung ist das A und O

Bereiten Sie Ihre Unterlagen vor: Anhand der Professionalität Ihrer Unterlagen erkennt Ihr Verhandlungspartner, dass Sie optimal vorbereitet sind. Das ist ein Zeichen für ihn, dass er es mit einem Profi zu tun hat und dass Sie ihm Respekt und Aufmerksamkeit entgegenbringen. Gehen Sie deshalb nicht nur mit einem leeren Block zu einer Verhandlung, sondern lassen Sie erkennen, dass Sie Ihre Hausaufgaben gemacht haben. Gestalten Sie sich eine Mappe mit dem Logo des Verhandlungspartners oder dessen Unternehmens. So erkennt Ihr Verhandlungspartner, dass Sie Zeit und Energie in die Vorbereitung investiert haben. Sie können auch Broschüren des anderen Unternehmens mitbringen.

Es ist auch empfehlenswert, Anschauungsmaterial und Beweise für Ihre Argumentation mitzunehmen. Wenn Sie Ihre Motive erklären, können Sie anhand von Fotos oder einer Statistik den Hintergrund Ihres Motivs besser zeigen. Wenn Sie für Ihre Argumente oder Beweise Definitionen benötigen, dann formulieren Sie diese Definitionen bereits vor der Verhandlung. Am besten so, dass Ihr Verhandlungspartner diese auch versteht.

Schaffen Sie eine positive Atmosphäre: »Je besser die Stimmung, desto besser die Zustimmung«, besagt ein alter Verhandlungsgrundsatz. Sorgen Sie dafür, dass sich Ihr Verhandlungspartner so richtig wohl fühlt. Die Auswahl des Essens und der Getränke ist dabei nicht zu unterschätzen.

Sorgen Sie für Wohlbefinden

Planen Sie die Verhandlung so, dass die entscheidenden Phasen in einem schönen Ambiente, beispielsweise in einem hervorragenden Restaurant stattfinden. Und je besser die Stimmung, desto besser die Zustimmung zu Ihren Vorschlägen. Als Selbstverständlichkeit gilt dabei natürlich auch das Ausschließen von allen Störungen wie Telefon usw.

Laden Sie die richtigen Personen zur Verhandlung ein: Laden Sie alle Personen ein, deren Anwesenheit Sie für sinnvoll erachten, um eine Vereinbarung in Ihrem Interesse zu erreichen. Der Fragebogen am Beginn dieses Kapitels dient hierzu als Hilfestellung. Beachten Sie bitte, dass Sie mit der Einladung bereits die Verhandlung steuern können.

Mit den Richtigen verhandeln

Wenn Sie Vorgesetzte Ihres Verhandlungspartners einladen, kann dies durchaus von Vorteil für Sie sein. Andererseits kann die Verhandlung auch scheitern, wenn Sie jemanden nicht einladen. Führungskräfte sind meist sehr empfindlich, wenn sie das Gefühl haben, übergangen worden zu sein.

Fitness: Ein Manager hat mich einmal gefragt, ob ich vor meinen Arbeitstagen bei der Polizei auch mal »was getrunken« habe. Oder ob ich in der Disco eine Nacht durchgemacht habe.

Nein, natürlich nicht. Ich konnte ja nie wissen, welche Fälle auf mich zukommen würden. Es war für mich unvorstellbar, mit Restalkohol nach einer langen Nacht in den Dienst zu gehen. Fitness war für mich oberste Priorität, unsere Ausbildung war auch darauf ausgerichtet.

Sorgen Sie dafür, dass Sie absolut fit in eine Verhandlung gehen. Sie benötigen in einer schwierigen Verhandlung eine 100-prozentige Fitness!

Gehen Sie vor der Verhandlung die einzelnen Themen gedanklich durch. Wie ein Skifahrer den Hang mehrmals in Gedanken hinunterfährt, sollten sie die einzelnen Passagen durchspielen.

Analyse des Verhandlungspartners während der Verhandlung

Verstehen heißt, sich eine Frage stellen, die durch das, was man versteht, genau beantwortet wird. ANDRE GIDE

Setzen Sie das analytische Zuhören ein

Die Voraussetzung für eine überzeugende Argumentation ist das richtige Verstehen der Motive des Verhandlungspartners.

Ein wichtiges Element der Verhandlungspsychologie ist deshalb das richtige **Verstehen** des Gesprächspartners. Nur wer richtig versteht, kann die richtige Strategie anwenden und den richtigen Nutzen kommunizieren.

Das richtige Verstehen

Verstehen besteht aus Zuhören, Ausreden lassen und der Analyse des Gesagten. Vielleicht ist Ihnen aufgefallen, dass ich in diesem Zusammenhang zwischen Zuhören und Ausreden lassen unterscheide. Ausreden lassen können die meisten von uns, beim Zuhören tun sich viele sehr schwer.

In meinen Trainings und Coachings arbeite ich gern mit dem *kontrollierten Dialog.* In diesem Dialog sitzen sich zwei Gesprächspartner gegenüber und »streiten« über ein Thema. Gesprächspartner A bekommt die Aufgabe, eine Position einzunehmen, die ihm sehr am Herzen liegt. Nehmen wir an, er ist starker Raucher und ist gegen ein Rauchverbot im Büro. Gesprächspartner B nimmt die Gegenposition ein, er ist Nichtraucher und fühlt sich von dem Zigarettenrauch gestört und in seiner Gesundheit bedroht. So weit, so gut.

Der kontrollierte Dialog

A argumentiert, warum er diese Position einnimmt. Das Besondere daran ist, dass B in der Zeit, in der A spricht, unbedingt zuhören muss. Er muss nämlich, wenn A ausgeredet hat, die Argumentation von A wiederholen. A beginnt: »Ich bin der Meinung, dass Rauchen auch im Büro erlaubt sein muss, weil mich das Rauchen beruhigt und ich so konzentrierter arbeiten kann.«

B lässt ihn ausreden und wiederholt dann: »Sie sind also der Meinung, dass Rauchen im Büro erlaubt sein muss, weil Sie das Rauchen beruhigt und Sie so konzentrierter arbeiten können.« Wenn Partner A die Richtigkeit der Wiederholung bestätigt hat, darf B seine Gegenposition bringen: »Rauchen ist sehr gesundheitsschädlich und beeinträchtigt meine Konzentration und meine Freude an der Arbeit. Es kann von mir aus jeder rauchen, jedoch nicht, wenn andere dabei gestört werden.«

Nun wiederholt A die Position von B und lässt sich die Richtigkeit der Wiederholung bestätigen.

Ein schönes Spiel, das nur leider nie funktioniert. Es funktioniert deshalb nicht, weil die Gesprächspartner den anderen immer ausreden lassen, jedoch nicht richtig zuhören. Unser Gehirn spielt uns beim Zuhören einen Streich. Wir können während des konzentrierten Zuhörens sehr viele Daten aufnehmen. Unser Verhandlungspartner schafft es aber nie, so viele Daten zu liefern. Deshalb kann man als Zuhörer die eigenen Gedanken bereits formulieren, während der andere noch spricht.

Wenn Sie selbst Nichtraucher sind, haben Sie vielleicht beim

Lesen der ersten Position bereits die Gegenposition eingenommen. So ergeht es auch immer dem Gesprächspartner B. Während A noch spricht, formuliert er bereits die Gegenposition und das heißt: Er hört nicht mehr zu!

Wie oft haben Sie schon von Ihrem Ehepartner, den Kindern oder Ihren Kollegen gehört, dass Sie nie richtig zuhören? Und wie oft haben Sie schon geantwortet, dass Sie sehr wohl zuhören. Sie haben »ausreden lassen« mit »zuhören« verwechselt. Ausreden lassen heißt, so lange ruhig zu sein, bis der Gesprächspartner mit seiner Argumentation aufgehört hat – endlich aufgehört hat – damit Sie wieder reden können. Zuhören heißt, den anderen reden zu lassen und zu verstehen versuchen, warum er etwas sagt. Also konzentriert den Argumenten lauschen, ohne in diesem Moment die eigene Meinung ins Spiel zu bringen.

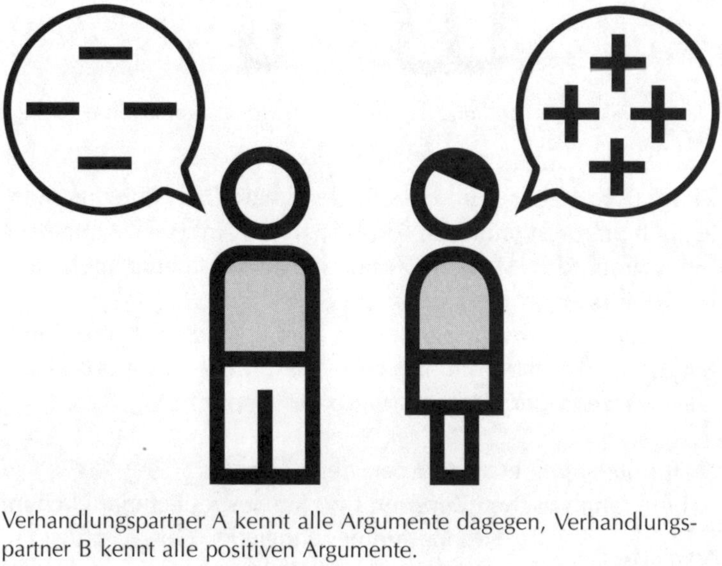

Verhandlungspartner A kennt alle Argumente dagegen, Verhandlungspartner B kennt alle positiven Argumente.

Wenn Sie die Grafik betrachten, sehen Sie, dass A alle Argumente *gegen* das Rauchverbot im Büro im Kopf hat. B hat alle Argumente *für* ein Nichtraucher-Büro im Kopf. Nach einer Diskussion ist es meist so, dass sich am Verhältnis der Argumente und Gegenargumente nichts verändert hat. A kennt immer noch seine Argumente und hat von den Gegenargumenten des B nichts angenommen. Und B hat nichts von A angenommen.

Das Ziel einer Verhandlung ist, die Argumente des Verhandlungspartners zu verstehen.

Ziel muss es aber sein, dass Sie beim Anhören der Argumente auch *zuhören*. Zuhören, Hinhören, Hineinhören. Achten Sie bitte darauf, dass Sie beim Zuhören Ihre Argumente noch nicht ins Spiel bringen.

Die besten Verhandler, die ich kenne, sind sehr gute Zuhörer. Sie beobachten die Sprache, Aussprache und Körpersprache, während der Verhandlungspartner spricht.

Man unterscheidet zwei Arten des Zuhörens:

Analytisches und assoziatives Zuhören

Beim **analytischen Zuhören** sind Sie bestrebt, gedanklich im Sachzusammenhang der Sprecheraussage zu verbleiben. Sie hören genau zu und überprüfen dabei bereits, warum Ihr Gesprächspartner diese Informationen gibt.

Im Gegensatz dazu hören Sie beim **assoziativen Zuhören**

nicht richtig zu. Dabei lassen Sie sich gedanklich aus dem sachlichen Zusammenhang der Sprecheraussage herausholen. Sie verbinden das Gehörte mit Elementen aus anderen Bereichen. Ausgangspunkt für die Assoziationen sind meist emotional besetzte Wörter oder Inhalte der Sprecheraussage.

Bleiben Sie also beim Zuhören bei der Aussage des Gesprächspartners und lassen Sie sich nicht durch Assoziationen ablenken. Analytisches Zuhören lässt sich erlernen. Hören Sie so zu, als müssten Sie das Gesagte wiederholen. Sie können eine Wiederholung zum Beispiel mit »Wenn ich Sie richtig verstanden habe, dann ...« einleiten. Holen Sie sich die Bestätigung, dass Sie richtig zugehört haben.

Analysieren Sie die Sprache Ihres Verhandlungspartners!

Die Motive des Verhandlungspartners analysieren

Analytisches Zuhören heißt auch, das Verstandene zu analysieren und einzuordnen. Was hat der Verhandlungspartner gesagt, was wollte er damit sagen, was hat er wahrscheinlich gemeint und warum hat er das gesagt? Die Analyse der Sprache gehört zur hohen Kunst der Verhandlung und sie befähigt Sie, mehr zu hören. Sie durchbrechen die Oberfläche der Kommunikation und gehen in die Tiefe. Dort, wo sich die Motive verstecken. Diese Motive bleiben den meisten Menschen verborgen, weil die meisten nur oberflächlich zuhören.

Das Nachrichtenquadrat

Während meines Studiums und meiner Ausbildung zum Verhandlungstrainer habe ich mich mit den Methoden von Prof. Dr. Friedemann Schulz von Thun vertraut gemacht. Schulz von Thun hat auf die Transaktionsanalyse aufgebaut und das *Nachrichtenquadrat* entwickelt. Diese Methode ist schlüssig und verständlich, vor allem ist es so möglich, Gespräche tatsächlich zu deuten. In den beiden Büchern »Miteinander Reden 1« und »Miteinander Reden 2«[5] erklärt Schulz von Thun die Psychologie der Kommunikation. Er stellt die These auf, dass geglückte Kommunikation »von der Fähigkeit abhängt, seelische Vorgänge und zwischenmenschliche Verwicklungen zu durchschauen«. Dem Nachrichtenquadrat zufolge kann jedes Wort, jede Gestik und Mimik eines Menschen in vier Ebenen aufgeteilt werden:

Nehmen wir ein alltägliches Beispiel aus der Feder von Schulz von Thun. Ein Ehepaar fährt mit dem Auto durch eine Stadt, die Frau sitzt am Steuer, der Mann auf dem Beifahrersitz. Die Frau fährt mit normaler Geschwindigkeit, in einer Entfernung von 50 Metern steht eine Ampel, die Ampel zeigt »Grün«. Der Mann als Beifahrer sagt: »Du, da vorne ist Grün.« Was sagt der Mann mit diesem Satz aus? Nehmen wir das Nachrichtenquadrat zu Hilfe.

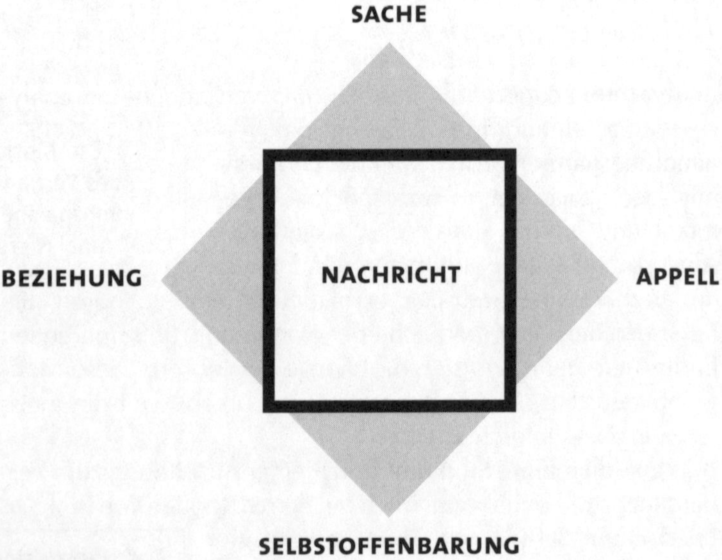

Das Nachrichtenquadrat nach Schulz von Thun.

Sachebene: Zunächst hat dieser Satz natürlich eine rein sachliche Ebene, die Ampel zeigt Grün. Die Sachebene bezieht sich immer auf eine Feststellung.

Appell: In jeder Äußerung ist ein Appell enthalten, eine Aufforderung, etwas zu tun oder zu unterlassen. In diesem Fall fordert der Mann die Frau auf, doch schneller zu fahren.

Selbstoffenbarung: Diese Ebene der Nachricht ist psychologisch höchst interessant. Was sagt der Mann über sich als Person aus? In jeder Nachricht stecken nicht nur Informationen über die Sache, sondern auch über die Person des Gesprächspartners. Was ist er für ein Mensch? Unser Beifahrer ist zumindest jemand, der wach und aufmerksam bei der Sache ist. Vielleicht hat er es eilig.

Wichtig dabei ist, dass die Selbstoffenbarung einer Äußerung immer für den anderen zu erkennen ist. Selbst wenn Sie mit Tricks über Ihre Selbstoffenbarung täuschen wollen. Wenn Sie Techniken zur Selbsterhöhung oder Selbstverbergung anwenden – ein geschulter Verhandlungspartner wird Sie analysieren und durchschauen. Wenn Sie sich dieses Wissen angeeignet haben, werden Sie Ihre Verhandlungspartner analysieren und durchschauen können.

Beziehung: Diese Seite zeigt auf, wie die Gesprächspartner zueinander stehen, was sie voneinander halten. Ein Gleichgewicht herrscht dann, wenn beide Verhandlungspartner auf der gleichen Stufe stehen. Wenn Sie eine Stufe niedriger stehen, müssen Sie auf die Stufe des Verhandlungspartners aufsteigen, sonst kommt keine zufrieden stellende Vereinbarung zustande.

Wer hält sich in dem Beispiel mit der Ampel also für den besseren Autofahrer? Was hält der Mann von seiner Frau in der Rolle der Autofahrerin? Er steht eine Stufe höher und glaubt wohl, sie belehren zu müssen.

Bei der Analyse einer Aussage ist es wichtig, alle vier Seiten der Nachricht zu berücksichtigen. Sachebene und Appellebene sind relativ einfach zu erkennen, die Selbstoffenbarungs- und die Beziehungsebene erfordern höchste Aufmerksamkeit und Konzentration.

Erkennen Sie Kommunikationsstörungen

Das Nachrichtenquadrat ist auch sehr gut geeignet, um Kommunikationsstörungen zu erkennen und zu lösen. Sicherlich ist es Ihnen auch schon oft passiert, dass Sie etwas gesagt haben und Ihr Gesprächspartner es anders verstanden hat.

Wenn der Mann sagt: »Du, da vorne ist Grün«, kann seine Frau verschieden auf diese Aussage reagieren. Sie kann die Aussage, die über vier verschiedene Seiten »verschickt« werden kann, auch über vier verschiedene Seiten aufnehmen. Schulz von Thun spricht hier von den vier Ohren des Empfängers.

Die Frau hat also die Möglichkeit, die Aussage »Du, da vorne ist Grün«, in vier verschiedenen »Ohren« aufzunehmen. Angenommen, Sie hört die Aussage auf dem

- **Sach-Ohr,** dann wird sie reagieren: »Danke, ich habe es gesehen.«
- **Appell-Ohr,** dann wird sie reagieren: »OK, ich fahre schneller.«
- **Selbstoffenbarungs-Ohr,** dann wird sie reagieren: »Du hast es ja wieder eilig!«
- **Beziehungs-Ohr,** dann wird sie reagieren: »Dann fahr doch selbst!«

Hier liegt die Lösung für sehr viele Kommunikationsstörungen. Wenn Sie zu Ihrem Partner etwas sagen und dieser reagiert ganz anders als erwartet, dann liegt das an seiner »Vierohrigkeit«. Er hat nämlich die freie Auswahl, auf welchem Ohr er die Nachricht aufnehmen möchte.

Sie sagen beispielsweise: »Du, da vorne ist Grün«, weil Sie möchten, dass Ihre Frau schneller fährt. Und Ihre Frau schreit Sie an: »Dann fahr' doch selbst, Du ...!« Jetzt haben Sie eine richtig schöne Kommunikationsstörung und vielleicht sogar einen handfesten Streit. Und warum? Weil Sie einen Appell an Ihre Frau aussprechen wollten, diesen aber nicht eindeutig als solchen bezeichnet haben. Sie haben den Appell nicht als Appell verschickt, sondern Sie haben ihn so abgeschickt, dass Ihre Frau sich aussuchen konnte, auf welchem Ohr sie die Nachricht annehmen möchte. Sie wollten die Aussage »Du, da vorne ist Grün« als Appell »verschicken« und Ihre Frau hat die Aussage auf dem »Beziehungsohr« empfangen. Blöd gelaufen. Und doch so einfach zu beheben. Wenn Sie in Zukunft möchten, dass Ihre Frau schneller fährt, dann sagen Sie doch einfach, dass sie schneller fahren soll. Wenn Sie sagen: »Fahr bitte schneller, ich habe es eilig«, dann ist das ein klarer Appell. Sie wird diese Aussage auch auf dem »Appellohr« wahrnehmen. Der Streit ist vermieden, weil Sie klar gesagt haben, was Sie möchten. Und warum haben Sie dann nicht gesagt, was Sie wollten? Weil Sie nicht so direkt sein wollten, weil Sie Ihrer Frau keine Tipps geben wollten ... Wenn ein Empfänger die Auswahl hat, dann entscheidet er sich meist für die Gefühlsebene. Wie Sie wahrscheinlich wissen, werden die meisten Aussagen von Person zu Person über die Beziehungsebene gesendet.

Wenn Sie in einer Verhandlung das Gefühl haben, dass Ihr Verhandlungspartner anders reagiert, als Sie das gedacht haben, dann haben Sie eine Störung auf der Beziehungsebene. Dann hat Ihr Verhandlungspartner das Gefühl, dass er in der Beziehung höher oder tiefer als Sie auf der Treppe steht.

Wenn sich ein Verhandlungspartner überlegen fühlt, wird die Kommunikation gestört.

Ein Geiselnehmer fühlt sich fast immer überlegen, er glaubt, Druck ausüben zu können.

Die »Selbstmord-Geiselnahme«

Während meiner Zeit bei der uniformierten Polizei hatte ich eines meiner einprägsamten Erlebnisse. Ich war selbst am Apparat, als eine Frau anrief und ins Telefon schrie: »Mein Nachbar hat sich gerade vor meinen Augen erschossen!«

Da die Frau unter schwerem Schock stand, fragte ich sie nur noch kurz nach Ihrer Adresse und nicht mehr zum genauen Tathergang. Mein Kollege und ich sprangen sofort ins Auto und fuhren zum Wohnhaus der Anruferin. Während unserer Fahrt gaben wir per Funk der Einsatzleitung die Adresse des Wohnhauses und eine kurze Schilderung des Einsatzes durch. Wir ließen auch per Einsatzleitung sofort einen Rettungswagen anfordern.

Der Einsatzort war nur wenige Straßen von der Polizeiinspektion entfernt. Wir parkten unser Polizeiauto direkt vor dem Wohnhaus und liefen ins Treppenhaus. Wir wussten durch die Beschreibung der Frau, dass sich der Vorfall im fünften Stock abgespielt hatte. Als wir die Treppen hoch liefen und uns im zweiten Stock befanden, fielen plötzlich zwei Schüsse. Ein Mann stand am Treppengeländer im fünften Stock und feuerte auf uns. Wir pressten uns an die Wand, um nicht getroffen zu werden. Nachdem der Mann geschossen hatte, lief er in seine Wohnung und ließ die Tür offen stehen. In unserem Stress und unserem Jagdinstinkt folgten wir ihm in die Wohnung. Als wir sie betraten, stand er mit gezogener Pistole im Wohnzimmer. Seine Frau saß auf der Couch. Er hielt ihr die Pistole an die Schläfe und sagte: »Verschwindet, sonst drücke ich ab!«

Der Mann war äußerst erregt und deutlich alkoholisiert. Von seiner Stirn floss Blut, weil er sich vor den Augen seiner Nachbarin »erschossen« hatte.

Was wir zu diesem Zeitpunkt noch nicht wussten, war die Tatsache, dass es sich nicht um eine »echte« Pistole handelte. Er benutzte eine so genannte Gaspistole, die allerdings auch von Profis nicht von einer echten Pistole unterschieden werden kann. Diese Pistolen sehen genau so aus wie echte Pistolen, sie tragen lediglich einen kleinen Stempel mit der Aufschrift der Bundesprüfanstalt als Unterscheidungsmerkmal. Dieser Stempel ist allerdings nur drei Millimeter groß, sodass wir ihn nicht sehen konnten. Bei einer Gaspistole wird keine Kugel abgefeuert, sondern es tritt Gas aus dem Pistolenlauf. Wenn die Pistole beim Schuss auf die Haut aufgesetzt wird, platzt sie auf und wird über eine Fläche von etwa drei mal drei Zentimetern aufgerissen und blutet dann sehr stark.

Die Nachbarin schilderte den Vorgang des »Selbstmords« später in der Zeugenvernehmung. Als sie nach einem Klingeln die Wohnungstür öffnete, stand ihr Nachbar in einem Meter Abstand vor ihr. Er hielt die Pistole an seine Schläfe und drückte ab, nachdem sie die Wohnungstür ganz geöffnet hatte. Nach einem lauten Knall spritzte Blut und der Mann fiel zu Boden. Sie knallte sofort die Tür zu und lief zum Telefon, um uns zu verständigen. Nachdem sie natürlich auch nicht wusste, dass es sich bei der Pistole um eine Gaspistole handelte, glaubte sie, dass sich ihr Nachbar tatsächlich erschossen hatte.

Aber zurück zur Geiselnahme im Wohnzimmer: Da stand also der völlig verstörte Mann mit der Pistole und seiner blutenden Schläfe. Ich gebe ehrlich zu, dass ich nicht mehr genau weiß, wie und wieso wir gleich in seine Wohnung gerannt sind. Diese ersten Sekunden fehlen in meinem Gedächtnis. Ich sehe aber noch genau das Bild der Geiselnahme vor mir. Die Wohnung war sehr unaufgeräumt, hinter uns war ein schmaler Flur, rechts die Küche und geradeaus das Wohnzimmer mit einer Couch. Links war ein großes Fenster mit Blick auf die Straße, wo unser Polizeiauto geparkt war. Die Ehefrau saß wie entgeistert auf der Couch und sagte kein Wort. Sie blickte uns nur an. Der Geiselnehmer atmete schwer und laut, an seinen Augen und seiner Aussprache erkannten wir, dass er stark alkoholisiert war. Er war etwa 35 Jahre alt, schlank und mit Jeans und Pulli bekleidet.

Die Wohnung befand sich in einem Viertel, wo man abends besser nicht mehr alleine unterwegs ist. In der Wohnanlage war ich vorher schon oft, dort wohnen viele »Kunden« und »Stammkunden«, also Straftäter, mit denen wir öfter zu tun hatten. Wir standen dem Geiselnehmer gegenüber. Er forderte uns zum Verlassen der Wohnung auf. – Wären Sie an meiner Stelle gegangen?

Diese Verhandlung mit dem alkoholisierten Geiselnehmer ist wahrscheinlich für die meisten Menschen schwierig. Sie war es auch für mich. Konnte ich aus der Wohnung gehen und die Geisel zurücklassen? Versetzen Sie sich bitte in die Lage der Geisel. Sie spüren eine Pistole an Ihrer Schläfe, Ihr Ehemann ist total durchgeknallt und die Polizeibeamten sagen: »Entschuldigen Sie bitte, wir wollten ja auch nur mal gucken.« und verlassen dann die Wohnung. Natürlich sind wir nicht gegangen. Wir sind für die Geisel und den Geiselnehmer verantwortlich und können uns nicht einfach verdrücken, wenn es schwierig wird

Betrachten wir mit diesem praktischem Wissen den Satz noch einmal.

Der Satz: »Verschwindet, sonst drücke ich ab!« kann wie folgt analysiert werden:

Sachebene: Der Geiselnehmer sagte mir, wie sich die Situation objektiv verhält. Die Sachebene sagt aus, worüber mich der andere informiert. Ich wusste jetzt also, wenn ich nicht verschwinde, dann würde er die Geisel erschießen. So weit, so schlecht.

Appell: Noch genauer ging es kaum. Der Mann sagte klar und deutlich, was ich zu tun hatte.

Selbstoffenbarung: Und jetzt wird es richtig interessant. Was

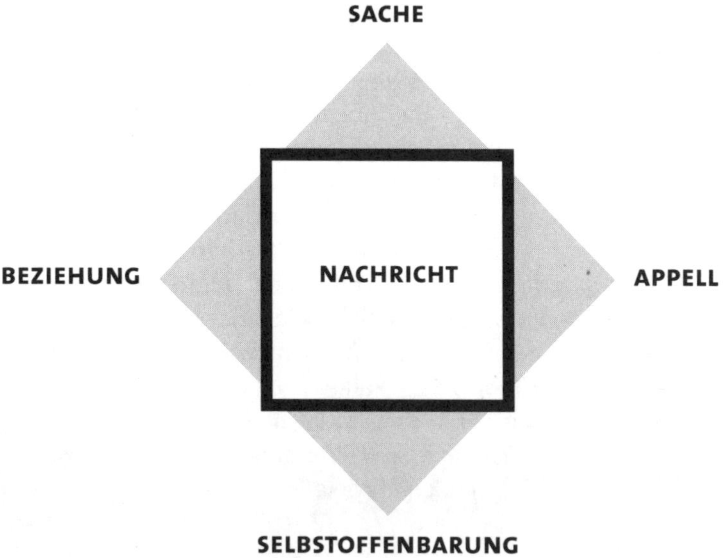

sagte der Geiselnehmer über sich aus? Welche Informationen gab er über seine Person? Denken Sie ruhig ein paar Sekunden nach, bevor Sie weiterlesen.

Er sprach Deutsch, war fähig zu sprechen, fähig zu stehen, fähig zum Abdrücken, durch die Aussprache erkennbar alkoholisiert und gewaltbereit. Was muss in einem Menschen vorgehen, wenn er eine Drohung mit Todesfolge ausspricht? Wie viel Angst muss ein Mensch haben, wenn er seine eigene Frau als Schutzschild benutzt? In welcher schwachen Position musste er sich befinden, um überhaupt eine Drohung auszusprechen?

Haben Sie schon einmal eine Drohung ausgesprochen aus dem Gefühl heraus, überlegen zu sein? Mit Sicherheit nicht. Wer droht, fühlt sich unterlegen und sieht das als eine Möglichkeit, es dem anderen »zu zeigen«.

Und, was das Wichtigste ist: Er war verhandlungsbereit! Hätte er nicht verhandeln wollen, hätte er schon längst abgedrückt. Anschließend hätte er sich aus dem

Fenster gestürzt oder auf uns geschossen. Auch mit einem Gasrevolver. Wir hätten dann zurückgeschossen, allerdings mit richtigen Pistolen.

Das ist ähnlich wie bei Suizidgefährdeten. Wenn sich jemand umbringen möchte, dann bringt er sich um und stellt sich nicht die ganze Nacht auf eine Brücke, bis ihn endlich jemand entdeckt. Wenn er dann nach Stunden entdeckt wird, sagt er: »Zurück, oder ich springe!« Das ist jetzt natürlich sehr stark vereinfacht. Hinter jedem Suizidgefährdeten steckt ein Schicksal, das ich nicht verharmlosen oder lächerlich machen möchte. Mir kommt es hier nur darauf an zu zeigen, dass in solchen Fällen ein Verhandlungswille da ist. Das heißt nicht, dass diese Verhandlungen einfach sind. Verhandlungen mit Geiselnehmern und Suizidgefährdeten sind schwierig, aber machbar.

Fassen wir die Selbstoffenbarung noch einmal zusammen: Der Geiselnehmer ist fähig zum Abdrücken, alkoholisiert, sehr stark erregt, er hat sehr viel Angst – also enormen Stress, er droht – ein Zeichen von Schwäche – und er fühlt sich subjektiv überlegen. Er glaubt, mit seiner Drohung durchzukommen.

Beziehungsebene: Wer stand auf der höheren Stufe, der Geiselnehmer oder wir?

Anfangs stand er auf der höheren Stufe, weil er den Ablauf bestimmte. Wir waren genauso im Stress und hatten genauso viel Angst. Er glaubte, gewinnen zu können. Er dachte, wenn wir verschwinden, hätte sich sein Problem erledigt. Von wegen! Aber das wusste er noch nicht, er sah seinen Ausweg jetzt in der Drohung »Verschwindet, sonst drücke ich ab!«

Glauben Sie bitte nicht, dass wir in dieser Situation cool im Flur gestanden haben mit dem Nachrichtenquadrat vor unserem geistigen Auge. Natürlich hatten auch wir Angst und haben einige Minuten gebraucht, um die Situation in den Griff zu bekommen. Die wichtigste Information war damals für mich, dass der Geiselnehmer reden wollte – sonst hätte er schon längst gehandelt.

Fast alle meine Gegenüber bei schwierigen Einsätzen wollten mit mir reden. Aber nicht, weil ich so nett bin, sondern weil sie in mir einen Partner sahen, der sie aus der Situation wieder herausbringen konnte. Bankräuber, auch Geiselnehmer bei Banküberfällen waren meist die nettesten Verbrecher. Um das zu verstehen, müssen Sie die Hintergründe der meisten Bankräuber kennen. Der klassische Bankräuber ist kein typischer Verbrecher. Er ist oft sogar nicht einmal vorbestraft! Also nicht die kriminelle Energie, die hinter so einer schweren Straftat vermutet wird.

Ich war einmal bei einer Festnahme eines Bankräubers im Münchener Osten dabei. Anhand dieses Täters können wir uns die typische Laufbahn eines Bankräubers ansehen. Das gilt sicher nicht für alle Bankräuber und soll auch nicht bedeuten, dass Bankräuber nicht gefährlich sind. Im Gegenteil.

Der nach meiner Erfahrung typische Bankräuber hat Familie und kauft sich ein Haus – ein zu großes Haus. Er fährt ein Auto – ein zu großes Auto. Er fährt in Urlaub – zu weit weg. Irgendwann kommt der Tag, an dem sein Konto hoffnungslos überzogen ist. Seine Bank hat ihm immer wieder Kredit gewährt, weil er ein Haus hatte und ein braver Bürger war. Jetzt fordert die Bank einen Teil des Kredits zurück, beispielsweise 30 000 Mark. Unser braver Bürger bekommt einen Brief von seiner Bank, in dem steht, dass er 30 000 Mark zum nächsten Ersten überweisen muss. Da er das Geld nicht hat, gerät er in Stress. Natürlich könnte er sein Auto oder das Haus verkaufen. Das wäre aber das Schlimmste für ihn, weil dann die Ehefrau, die Nachbarn und Kollegen denken würden, er könne sich sein Haus nicht mehr leisten. Und für seine Ehefrau, die Nachbarn und Kollegen hat er das Haus ja schließlich gebaut – leider zu groß.

Es wäre also eine schlimme Niederlage, wenn er eingestehen müsste, dass er kein Geld mehr hat. Er sucht nach anderen Möglichkeiten und findet keine. Keine andere Bank gibt ihm Kredit. Am 25. wird er nervös, am 26. kann er schon nicht mehr schlafen. Am 27. und 28. ist er dazu noch äußerst gereizt. Er braucht Geld und zwar innerhalb der nächsten Tage. Alles in seiner Gedankenwelt dreht sich um Geld und er überlegt sich, wo er Geld herbekommen könnte. Wo ist Geld? In einer Bank natürlich! Ein Täter, der die Chance auf das große Geld mit dem Risiko der Festnahme abwägen würde, würde nie eine Bank ausrauben. Viel zu wenig Geld im Schalterraum, viel zu hohes Risiko wegen der Sicherungen, eine große Gefahr, erkannt zu werden, wegen der Videoüberwachung. Aber unser braver Bürger wägt nicht ab, er ist nur noch nervös und angespannt.

Also fährt er am 30. zu einer Bank. Manchmal sogar mit dem eigenen Auto und dem eigenen Kennzeichen. Ein Bankräuber ist sogar einmal mit seinem Firmenwagen mit einer riesigen Werbeaufschrift direkt vor die Bank gefahren. Manchmal fahren die Bankräuber auch zu ihrer eigenen Bank und gehen zu »ihrem« Bankangestellten. Es ist auch schon passiert, dass der Bankangestellte den maskierten Bankräuber mit Namen begrüßt hat.

Der »brave Bürger« fährt also mit einem Puls von 180 zur Bank, zieht sich die Strumpfmaske über und nimmt einen Gasrevolver in die Hand. Können Sie sich nur annähernd vorstellen, welche Stressdosis ihm jetzt in den Körper schießt? Er betritt mit der Pistole den Schalterraum und alle starren ihn an. Er geht zum Schalter und presst mit zittriger Stimme hervor: »Geld her!« Wie lange müssen einem Bankräuber die Minuten vorkommen, bis das Geld in seiner Tüte ist? Durch die Zeitsicherungen in den Banken können die Angestellten nur kleinere Beträge herausgeben. Sie kommen wirklich nicht an größere Mengen heran.

Da steht er also wartend im Schalterraum. Mit jeder Sekunde steigt die Stressdosis. Plötzlich hört er von irgendwo ein Martinshorn – vielleicht von einem Feuerwehrauto, das zu einem Verkehrsunfall fährt. Vielleicht von einem Krankenwagen. Vielleicht ein Polizeiauto, das zu ihm kommt. Jetzt ist er total überfordert und bedroht die neben ihm stehende 70-jährige Omi mit seiner Pistole. Und schon haben wir eine Geiselnahme.

Wenn dann die Polizei kommt, steht ein maskierter Geiselnehmer mit einer Omi im Schalterraum. Vor der Bank wird der Platz evakuiert, Scharfschützen gehen in Position, Hubschrauber kreisen über der Bank. Ganz schön viel Stress für einen braven Bürger.

Und wenn er dann seine Forderung stellt, sagt er, er möchte Geld und ein Fluchtauto. Ein Fluchtauto, um zu fliehen, das Geld glaube ich, ist den meisten jetzt ganz egal. Nur raus hier.

Der Stress ist so groß, dass die Muskeln nicht mehr beherrschbar sind. Es ist ein paar Mal passiert, dass die Täter bei ihrer Festnahme die Hosen voll hatten, im wahrsten Sinn des Wortes.

Am Anfang dieses Buches habe ich Sie darauf hingewiesen, dass Sie auf Ihre subjektive Art beurteilen, welcher Verhandlungspartner schwierig ist und welcher nicht.

Bankräuber sind schwierig, gar keine Frage. Wenn Sie hinter die Positionen gucken, dann sehen Sie ganz normale menschliche Motive wie Anerkennung und den Drang nach Liebe. Dieses Beispiel habe ich geschrieben, damit Sie erkennen, dass hinter jeder Position ein Mensch steht. Auch wenn der Mensch maskiert ist und eine Pistole in der Hand hält. Auch wenn der Mensch Ihr Chef ist und sich oft danebenbenimmt. Auch Ihr Verhandlungspartner, der so arrogant und selbstherrlich auftritt.

Vielleicht fragen Sie sich jetzt, woher ich weiß, was in einem Bankräuber vorgeht? Ich habe oft mit festgenommenen Tätern gesprochen. Nach der Festnahme, auf der Fahrt zur Polizei, im Vernehmungszimmer oder in den

Zellen. Alle Täter, egal welche Straftat sie begehen, sind Menschen. Menschen mit dem Drang, Kontakt zu suchen, zu reden, anerkannt zu werden. Seine Gedanken während des Bankraubs im Münchener Osten hat mir der Täter nach seiner Festnahme geschildert. Es war ein etwa 30-jähriger Mann aus Österreich, der sich zwei Jahre vor der Festnahme mit einem Fuhrunternehmen selbständig gemacht hatte. Das Unternehmen lief nicht wie erwartet, die Schulden wurden immer mehr, er wollte es seinen Eltern gegenüber nicht zugeben.

Nachdem er keinen Kredit mehr bekam, sah er die Lösung seiner Probleme in einem Banküberfall. Der Überfall im Münchener Osten war übrigens schon sein zweiter. Wenn Bankräuber viel Geld erbeuten, bezahlen sie nur einen Teil des Kredits zurück. Den andern Teil nehmen sie meist, um der Ehefrau, den Nachbarn oder den Kollegen zu zeigen, dass sie Geld haben. Bei seinem zweiten Überfall wurde er also festgenommen. Ich habe mit ihm danach gesprochen. Er war verzweifelt und irgendwie erlöst. In der Gerichtsverhandlung bekam er eine hohe Strafe; Bankräuber bekommen immer eine hohe Strafe. Er wollte wohl nach seiner Entlassung aus der Haft nicht mehr zurück zu seinen Eltern, Nachbarn und Kollegen. Wollte wohl nicht sagen, dass er versagt hat. Er erhängte sich in der Haft.

Verkaufen und Verhandeln

Verkaufen ist in erster Linie Verhandeln, deshalb gelten die Verhandlungsgrundsätze genauso für das Verkaufen. Wie Sie wissen, ist es wichtig, die Positionen Ihres Verhandlungspartners zu erfragen und die hinter den Positionen verborgenen Motive zu analysieren.

Auch Verkaufen ist Verhandeln

In meinen Trainings frage ich die Teilnehmer gerne, was denn einen guten Verkäufer ausmache. Die Antworten gehen immer in die gleiche Richtung: gut zuhören, auf den Kunden eingehen und – die richtigen Fragen stellen!

Und was sind die richtigen Fragen? Die trainingserfahrenen Leser werden jetzt antworten: offene Fragen! Also Fragen, die nicht mit ja oder nein beantwortet werden können, zum Beispiel Fragen mit wie, was, warum ... Geschlossene Fragen, also alle, auf die man mit ja oder nein antworten kann, sollten Sie vermeiden.

Ich bin davon überzeugt, dass es vollkommen egal ist, welche Art von Fragen Sie stellen. Wichtig ist, dass die Richtung der Fragen stimmt.

Finden Sie bei Ihren Analysen also heraus, welche Motive hinter den Positionen stecken. Gehen Sie dabei wie bei einer Analyse der Geiselnehmer-Positionen vor. Der Geiselnehmer aus meinem ersten Beispiel sagte, er wolle Geld und ein Fluchtauto – das war seine Position. Sein Motiv war die Anerkennung durch die Freundin.

Ihre Kunden sagen Ihnen die Position, nicht ihre wirklichen Motive. Manche verheimlichen die Motive, weil sie sich nicht offenbaren wollen – Sie erinnern sich an die Selbstoffenbarung. Andere verheimlichen die Motive, weil sie diese selbst nicht kennen.

Ein Beispiel:

In Autohäusern findet man oft Kunden, die Ihre Motive selbst nicht kennen oder diese nicht preisgeben möchten. Nehmen wir als Beispiel einen Kunden, der sich für einen 5er-BMW interessiert. Er hat sich selbständig gemacht und wohnt in einer schönen Wohngegend.

Der Kunde betritt den Verkaufsraum und sagt, er möchte sich gerne den neuen 5er-BMW ansehen. Er erzählt auch gleich, was ihm an dem Auto wichtig ist. Sparsamkeit, Werterhalt und Sicherheit liegen ihm besonders am Herzen. Natürlich müssen Sie bei dem Verkaufsgespräch auf die Wünsche des Kunden eingehen. Dabei wird es sich aber wahrscheinlich nur um seine Positionen handeln.

Es werden noch unbefriedigte Motive bei diesem potenziellen Kunden verborgen sein. Vielleicht möchte er einen 5er-BMW, damit sein Nachbar mit dem 3er-BMW große Augen macht. Vielleicht möchte er einen 5er-BMW, damit er bei den Kunden einen besseren Eindruck macht. Er wird es dem Verkäufer nicht sagen oder nicht sagen können. Ich habe von den BMW-Verkäufern noch nie gehört, dass ein Kunde sagte, er möchte es seinem Nachbarn »zeigen«.

Die im Nachrichtenquadrat angesprochene Selbstoffenbarung ist im Verkaufsgespräch die interessanteste Herausforderung. Der Kunde kann oder will nichts über seine Person, seine innersten Wünsche und Ängste preisgeben. Er versteckt sich hinter allgemeinen Formulierungen, damit ihn keiner durchschauen kann. Er wird nicht erzählen, dass er die breiteren Reifen kauft, damit sein Nachbar neidisch zu ihm herüberblickt. Er wird dem Verkäufer etwas erzählen von Sicherheit, Sparsamkeit und Werterhalt. Die breiten Reifen möchte er haben, weil breitere Reifen einfach sicherer sind. Wenn der Verkäufer auf den Zug aufspringt und über Sicherheit, Sparsamkeit und Werterhalt spricht, dann argumentiert er an den Motiven vorbei. Natürlich muss er auf die Kundenwünsche eingehen und die Wünsche in die Argumentation einbauen. Das reicht aber nicht aus. Wichtiger ist noch, auf die Motive wie Anerkennung zu reflektieren.

Fragen Sie also Ihre Kunden, welche Motive sie hinter den Positionen haben. Was treibt Ihre Kunden an? Anerkennung, Selbstverwirklichung, Stolz ...?

Das von Ihnen angebotene Produkt muss die tatsächlichen Probleme des Kunden lösen können. Ihre Aufgabe ist es, Ihrem Kunden zu helfen, das Problem zu erkennen und ihm die richtige Lösung anzubieten. Und der Kunde hat das Gefühl, dass ihn jemand verstanden hat.

Die richtige Lösung für das richtige Motiv

Die richtige Lösung für das falsche Problem ist schlimmer, als die falsche Lösung für das richtige Problem
PETER DRUCKER
AMERIKANISCHER MANAGER UND AUTOR

Betrachten wir noch einmal die Gedanken des Geiselnehmers, der eine Frau entführt hatte. Er hatte die Geisel genommen, um Anerkennung von seiner Freundin zu bekommen. Nach außen hin kommunizierte er, dass er Lösegeld und ein Fluchtauto haben möchte. Seine Position war die Forderung nach Lösegeld, sein Motiv galt aber der Anerkennung.

Angenommen, die Verhandlungsgruppe hätte seine Forderung nach Lösegeld und einem Fluchtauto erfüllt. Er wäre mit seinem Fluchtauto und einem Koffer voll Geld weggefahren. Auf den ersten Blick wäre seine Forderung richtig erfüllt worden, es wäre – aber nur auf den ersten Blick – die richtige Lösung für sein Problem gewesen. Das Fluchtauto und das Lösegeld waren jedoch nicht sein wirkliches Problem – sein Problem war die fehlende Anerkennung.

Fluchtauto und Lösegeld wären also die richtige Lösung für das falsche Problem gewesen. Mit der Folge, dass der Geiselnehmer nicht zufrieden gewesen wäre.

Bieten Sie eine Lösung für jedes Motiv

Eine Lösung ist nur dann zufrieden stellend, wenn die Lösung auf das Motiv reflektiert – und nicht auf die Position. Geben Sie sich bei der Analyse des Verhandlungspartners nie mit der Position zufrieden. Finden Sie heraus, welche Motive hinter der Position stecken. Dann haben Sie in dem Verkaufsgespräch auch weniger Einwände.

Weniger Einwände

Einwände werden dann von Ihrem Verhandlungspartner eingebracht, wenn er nicht von der Richtigkeit der Lösung über-

Einwände zeigen Schwachpunkte in der Analyse

zeugt ist. Er sieht zu wenig Nutzen für den geforderten Preis. Jeder Einwand ist ein Hinweis darauf, dass Sie die Analyse nicht optimal durchgeführt haben. Sie haben dann eine Lösung für das falsche Problem geboten. »Gehen« Sie deshalb bei einem Einwand mit Ihrem Verhandlungspartner wieder zurück zur Analyse und sehen Sie nach, was Sie falsch analysiert haben.

Struktur der Fragen

Fragen Sie richtig

Ihr Verhandlungspartner wird Ihnen die Fragen beantworten, wenn Sie Ihre Fragen begründen können. Ohne Begründung kann es passieren, dass Ihre Analyse einen Ausfragecharakter bekommt. Ihr Verhandlungspartner fühlt sich »verhört« und blockt die Fragen ab. Deshalb sollten Sie bereits vor der ersten Frage eine Begründung für diese Analyse abgeben. Verwenden Sie beispielsweise die Formulierung »Damit ich Sie richtig unterstützen kann, benötige ich ein klares Bild von …« Jetzt weiß Ihr Gesprächspartner, dass Sie die Fragen zu seinem Nutzen stellen werden.

Es ist nicht sinnvoll, den Verhandlungspartner gleich zu Beginn der Analyse nach dem Motiv zu fragen. Er wird in dieser Phase noch zu wenig Vertrauen in Sie setzen und deshalb noch vorsichtig sein. Lassen Sie die Analyse ruhig angehen und fragen Sie – nachdem Sie Ihre Begründung abgegeben haben – nach der derzeitigen Situation. Fragen Sie, wie Ihr Verhandlungspartner die derzeitige Situation aus seiner Sicht einschätzt.

Nehmen wir an, Sie beraten einen Kunden, der eine Vorsorge für seine Kinder haben möchte. Fragen Sie, wie viele Kinder er hat, wie alt die Kinder sind und welche Vorsorge er bereits getroffen hat. Analysieren Sie, welche Sparguthaben, welcher Immobilienbesitz oder Ähnliches für das Kind bereits angeschafft worden sind. Sie dürfen in dieser Phase auf gar keinen Fall Ihr Produkt in den Vordergrund stellen. Fühlen Sie sich als unabhängiger Berater, der das Beste für die

Zukunft des Kindes tun möchte. Ihr Verhandlungspartner wird Ihnen eine Position nennen. Sie sagt aus, was er haben möchte. Sie sagt aber noch nicht aus, warum er das haben möchte.

Wenn Sie die Situation und die Position Ihres Verhandlungspartners genau kennen, können Sie analysieren, warum er in eine Vorsorge investieren möchte. Fragen Sie nun nach seinem Motiv.

Klären Sie, welche Ziele er mit der Vorsorge verbindet. Der Bedarf dreht sich um Schutz und Sicherheit. Finanzielle Sicherheit für den Fall einer Berufsunfähigkeit ist ein klassischer Bedarf. Das reicht aber nicht aus. Es wird noch mehr im Kopf des Kunden vor sich gehen, wenn er an seine Kinder denkt. Ein guter Vater sein, Dank von seinen Kindern für die vorausschauende Planung erhalten, Anerkennung von seiner Frau, weil er sich so um das Wohl der Kinder kümmert – das sind meistens die Motive.

Motive bewusst machen

Motive werden deshalb nicht klar geäußert, weil sie von Ihrem Verhandlungspartner nicht klar erkannt werden. Es liegt jetzt wieder an Ihnen, diese Motive herauszustellen. Herauszustellen, indem Ihr Kunde die Motive nennt. Nicht Sie, auf gar keinen Fall dürfen Sie die Motive nennen.

Ihr Kunde möchte eine Altersvorsorge für sein Kind, als Motiv spüren Sie den Wunsch, ein guter Vater zu sein. Bringen Sie dieses Motiv ans Licht, damit Ihr Verhandlungspartner das Motiv selbst besser erkennt und damit Sie die Gewissheit haben, den richtigen Weg eingeschlagen zu haben. Mit einer sehr nachvollziehbaren rhetorischen Brücke können Sie dieses Motiv ans Licht bringen und verstärken: Leiten Sie eine Frage mit der Formulierung »Angenommen ...« ein.

Helfen Sie Ihrem Verhandlungspartner, seine Motive zu nennen

Angenommen …

Die Menschen lassen sich viel eher durch Argumente überzeugen, die sie selbst entdecken, als durch solche, auf die andere kommen.

PASCAL, 17. JAHRHUNDERT

Mit dieser rhetorischen Brücke lenken Sie die Aufmerksamkeit des Gesprächpartners auf sein Motiv. Fragen Sie ihn, ob dieses Motiv wirklich wichtig für ihn ist. »Angenommen, Sie kümmern sich nicht um eine Vorsorge für Ihren Sohn. Was würde das bedeuten?« Mit dieser negativen Implikation lenken Sie die Gedanken in eine für ihn völlig neue Richtung. Er wird sich bisher nicht damit beschäftigt haben, was passiert, wenn er nichts macht. In diesem Moment spüren Sie bei Ihrem Verhandlungspartner, wie die Gedankenprozesse angekurbelt werden. Es wird dauern, bis Ihr Verhandlungspartner die Antwort formuliert hat. Er wird erst nachdenken und dann eine für ihn neue Sichtweise formulieren.

Schaffen Sie eine neue Sichtweise des Problems

Lassen Sie sich deshalb Zeit und nutzen Sie die Macht der Pause. Die Kunst dieser Methode liegt darin, den Verhandlungspartner eine neue Sicht auf ein bereits bestehendes Argument zu ermöglichen. Die Antwort, die Sie jetzt hören werden, bringt Sie einen entscheidenden Schritt weiter in Richtung Motivforschung. Hinterfragen Sie seine Argumente, dringen Sie noch tiefer in die Motivforschung ein.

Beispielsweise sagt Ihr Verhandlungspartner: »Dann würde mein Sohn bei einem Unfall ohne Absicherung dastehen.«

Ihr Verhandlungspartner sieht Bilder vorbeiziehen, Bilder die ihm aufzeigen, was passieren kann, wenn er nichts unternimmt. Greifen Sie sich diese Bilder heraus und hinterfragen Sie diese, damit Sie eine klare Vorstellung von seinen Motiven bekommen. Was würde das bedeuten? – Warum ist Ihnen das so wichtig? und ähnliche Fragen bringen Sie Schritt für Schritt weiter.

An dieser Stelle möchte ich Sie vor einem großen Fehler warnen: Sagen *nicht Sie*, was passiert, wenn er nichts unternimmt, sondern fragen *Sie ihn*. Wenn Sie ihm sagen, was passiert, dann klingt das wie eine Drohung. »Herr Kunde, wenn Sie nichts unternehmen, dann wird Ihr Sohn auf der Straße stehen, ohne Wohnung, ohne Versicherung (Hast du es nun kapiert, Du dummer Kunde?).« Fragen Sie ihn, was ein Unterlassen für den Sohn bedeuten würde und fragen Sie ihn, was ein Unterlassen für ihn als Vater bedeuten würde. Lassen Sie sich dabei Zeit, lassen Sie Ihren Verhandlungspartner nachdenken. Üben Sie auf gar keinen Fall Druck aus. Nutzen Sie stattdessen die Macht der Pause.

Negative und positive Implikation

Nach der negativen folgt dann die positive Implikation. Nachdem Sie Ihren Verhandlungspartner in eine nachdenkliche Stimmung gebracht haben, müssen Sie die positive Stimmung wiederherstellen. Fragen Sie Ihren Kunden, was es bedeuten würde, wenn er eine Altersvorsorge für den Sohn abschließen würde. Wieder die Bedeutung für den Sohn und die Bedeutung für ihn. Verstärken Sie diese Wünsche – also Motive – erneut durch Nachfragen.

Ein Beispieldialog:

Position:

Kunde: »Ich möchte gerne eine Vorsorge für meinen Sohn, damit er abgesichert ist, wenn er ins Berufsleben einsteigt.«

Situation analysieren:

Berater: »Gerne, wie alt ist Ihr Sohn?« – »Welche Schule besucht er, welche Ausbildung, welches Studium, welchen Beruf ...?« – »Welche Vorsorge haben Sie bereits getroffen?« – »Welche Immobilien, Sparbriefe, Versicherung ...?«

Ziele analysieren:

Berater: »Absicherung ist mit verschiedenen Alternativen möglich. Welche sehen Sie als die sinnvollsten an (renditestarkes Sparen, Bauen, Modernisierung, Fonds ...)?

Kunde: »Ich bevorzuge Immobilien.«

Berater: »Warum gerade Immobilien?«

Kunde: »Da weiß man, was man hat. Bei Fonds weiß man ja nie, wie sich das entwickelt. Und außerdem denkt dann mein Sohn an mich, wenn er in der Immobilie einmal wohnt.«

Negative Implikation – was ist, wenn nicht:

Berater: »Angenommen, Sie würden sich jetzt nicht um eine Vorsorge kümmern, was würde das bedeuten?«

Kunde: »Dann hätte mein Sohn keine Grundlage, er müsste sich selbst um die Altersvorsorge kümmern. Das wäre ein enormer finanzieller Aufwand für einen Berufsanfänger.«

Berater: »Welche Folgen hätte das für Ihren Sohn?«

Kunde: »Er müsste sehr viel Geld dafür aufwenden und könnte sich viel weniger für sich leisten. Außerdem könnte er dann nicht im Ausland studieren.«

Berater: »Wäre das denn so wichtig?«

Kunde: »Ja natürlich, das ist doch heutzutage die Grundvoraussetzung für die wirklich guten Jobs. Er wäre ständig benachteiligt.«

Berater: »Welchen Einfluss hätte das auf Sie als seinen Vater?«

Kunde: »Nun gut, ich würde mir wohl ewig Vorwürfe machen.«

Positive Implikation – was wäre, wenn doch:

Berater: »Angenommen, Sie schließen eine Vorsorge ab. Welchen Einfluss hätte das auf die Möglichkeiten Ihres Sohnes?«

Kunde: »Ja, dann könnte er im Ausland studieren. Er könnte mit einer gewissen Unabhängigkeit genau das machen, was ihn weiterbringt.«

Berater: »Was würde er mit dieser, wie sie sagen, gewissen Unabhängigkeit machen?«

Kunde: »Er bräuchte seine Zeit nicht mit irgendwelchen

Studentenjobs verschwenden und könnte sich voll auf sein Studium konzentrieren. Das wäre ein enormer Vorteil gegenüber den anderen Studenten.«

Berater: »Und für Sie, als seinen Vater?«

Kunde: »Da bräuchte ich mir dann wirklich keine Vorwürfe machen. Ich denke, er wäre mir sehr dankbar.«

Erst jetzt sollten Sie Ihr Produkt präsentieren. Die meisten Berater beginnen bereits nach dem ersten Satz des Kunden mit der Produktpräsentation:

Kunde: »Ich möchte gerne eine Vorsorge für meinen Sohn, damit er abgesichert ist, wenn er ins Berufsleben einsteigt.«

Berater: »Ja, da haben wir den ... Das ist das Richtige für Ihren Sohn.«

Mit dieser Art der Gesprächsführung unterscheiden Sie sich nicht von anderen Anbietern. Der Kunde fühlt sich nicht verstanden oder nicht ernst genommen.

Durch die rhetorische Brücke »Angenommen ...« formuliert Ihr Kunde den Nutzen selbst. Sie kommen nie in die Gefahr, ihm was »anzudrehen«. Die weitere Nutzenargumentation wird dann sehr kurz gehalten. Aber dazu später.

Analysieren Sie die Körpersprache Ihres Verhandlungspartners!

Analyse der Körpersprache

Die Analyse der Körpersprache ist ein sehr komplexes und kompliziertes Thema. Deshalb konzentriere ich mich auf Folgendes:

Deshalb konzentriere ich mich auf einen einzigen Tipp: Körpersprache ist keine Momentaufnahme, sondern ein Prozess. In manchen Illustrierten werden dem Leser Körpersprache-Ratgeber mit schönen Bildern nähergebracht.

Körpersprache ist ein Prozess

Da sitzt dann zum Beispiel eine junge hübsche Dame auf einen

Stuhl in verschiedenen Posen und der Leser soll ankreuzen, wie sie diese Sitzhaltung bewerten. Es wäre doch wirklich zu schön, wenn es so einfach wäre! Jedes Foto ist eine Momentaufnahme. Es wird die Körpersprache dieser einen Sekunde abgelichtet; aber nicht die Sekunde davor und die Sekunde danach. Stellen Sie sich vor, Sie sehen diese Dame auf dem Foto in lockerer Haltung, weder die Beine noch die Arme sind überkreuzt, der Blick geht offen in Richtung des Betrachters. Unter dem Foto steht der Tipp eines »Experten«: Diese Frau sucht Kontakt. Sie nehmen diesen Tipp ernst und schlendern durch die Fußgängerzone, um diese Körperhaltung zu suchen. In einem Café sehen Sie eine junge hübsche Frau in dieser Körperhaltung. Sie gehen zu ihr hin und sagen, dass Sie auch gerne Kontakt haben möchten. Es kann sein, dass die Frau sich riesig freut – es kann aber auch sein, dass Sie sehr ungehalten reagiert.

Ein Foto ist immer eine Momentaufnahme – die Bewertung eines Fotos kann, muss aber nicht richtig sein. Viel interessanter ist der Prozess in der Körpersprache. Wenn Sie diese junge Dame wirklich ansprechen sollten, wäre interessant, wie sie reagiert. Öffnet sie ihre Körperhaltung noch weiter oder blockt sie eher ab? Verschränkt sie jetzt die Arme oder dreht sie den Kopf weg?

Achten sie deshalb nicht so sehr auf die augenblickliche Körperhaltung Ihres Verhandlungspartners, sondern mehr auf die Veränderungen in der Körperhaltung während der Verhandlung. Wie reagiert Ihr Verhandlungspartner, wenn Sie ein neues Argument einbringen? Eher zustimmend oder eher ablehnend? Wie reagiert er, wenn Sie einen Preis oder ein Limit nennen?

Lenken Sie Ihre volle Konzentration auf die Körpersprache Ihres Verhandlungspartners, wenn Sie argumentieren oder er argumentiert. Achten Sie auf die Veränderungen. Diese Veränderungen sagen sehr viel über die Gefühlslage des Verhandlungspartners aus.

Meine Verhandlungstipps:

- Solange Sie mit organisatorischen oder inhaltlichen Dingen beschäftigt sind, können Sie sich nicht richtig auf Ihren Verhandlungspartner konzentrieren. Nutzen Sie deshalb die Vorbereitung, um vor einer Verhandlung alles zu erledigen, was Sie später ablenken könnte.
- Bereiten Sie eine Verhandlung so professionell vor, dass Sie sich während der Verhandlung voll und ganz auf Ihren Verhandlungspartner konzentrieren können.
- Hinterfragen Sie die Positionen und analysieren Sie die Motive des Verhandlungspartners.
- Jede Nachricht kann analysiert werden.
- Achten Sie bei jeder Äußerung auf die Beziehungsebene.
- Erlernen Sie das analytische Zuhören, damit Sie hineinhören können.
- Hinter jeder Position steht ein Mensch mit Wünschen und Ängsten.
- Geben Sie sich nie mit einer Position zufrieden: Hinterfragen Sie die Motive.
- Stellen Sie die richtigen Fragen – das sind alle Fragen, die zu den Motiven führen.
- Geben Sie vor Ihrer ersten Frage eine Begründung für die Fragen.
- Angenommen, nein ... = Negative Implikation.
- Angenommen, ja ... = Positive Implikation.
- Lassen Sie stets den Kunden den Nutzen formulieren.
- Setzen Sie bewusst Pausen.
- Sammeln Sie so viele Informationen wie möglich.
- Denken Sie an den Erfolg Ihrer Verhandlung und geben Sie nicht auf.
- Stellen Sie ein Gleichgewicht mit Ihrem Verhandlungspartner her.
- Körpersprache ist immer ein Prozess, nie eine Momentaufnahme.
- Achten Sie während der Verhandlung auf Veränderungen in der Körpersprache .

- **Der Verhandlungstipp für den Grenzbereich:** Lassen Sie Ihren Verhandlungspartner beobachten.

Gesetz 2:

Verfolgen Sie Ihr Ziel mit einer klaren Strategie

Wer nicht genau weiß, wohin er will, braucht sich nicht zu wundern, wenn er ganz woanders ankommt. ROBERT F. MAGER

Nachdem Sie jetzt wissen, welche Motive Sie haben und welche Motive Ihr Verhandlungspartner hat, können Sie sich das Folgende erarbeiten:

- das Ziel,
- die Strategie und
- die Taktik.

Nehmen wir nochmals als Beispiel die bereits angeführte Geiselnahme mit dem Motiv der Anerkennung. Ein Geiselnehmer, als allein handelnder Täter, hat sich mit der Geisel in einer Wohnung verschanzt.

Ein **Ziel** ist ein messbares Ergebnis, das präzise festgelegt wird. Sie überlegen sich also vor der Verhandlung, was Sie erreichen möchten. Dabei ist es wichtig, sich neben dem optimalen Ziel auch ein Minimalziel zu überlegen. Fixieren Sie schriftlich, wo genau Ihre Untergrenze für die Verhandlung liegt.

Das Ziel für den Verhandlungsführer der Polizei ist, die Geisel unverletzt zu befreien und den Geiselnehmer zu verhaften.

Eine **Strategie** ist eine übergeordnete Leitlinie für das Vorgehen im gesamten Verhandlungsprozess, sie führt Sie von Ihren Motiven zu Ihren Zielen.

Bei der Geiselnahme bietet sich die Strategie »Zeitgewinn« an. Der Geiselnehmer ist allein, er wird spätestens am zweiten Tag der Geiselnahme sehr müde und erschöpft sein.

Die **Taktik** ist die konkrete Umsetzung der Strategie, es sind ihre einzelnen Aktionen.

Als konkrete Umsetzung der Strategie »Zeitgewinn« kommen alle Aktionen in Betracht, welche die Geiselnahme in die Länge ziehen. Sollte der Geiselnehmer einen Geländewagen als Fluchtwagen fordern, dann kann dem Geiselnehmer vorgetäuscht werden, dass wirklich ein Geländewagen besorgt wird. Nach Stunden wird dem Geiselnehmer dann eröffnet, dass kein Geländewagen bereit steht. Jetzt wird er wieder gefragt, welches Fahrzeug er als Ausweichmöglichkeit haben möchte.

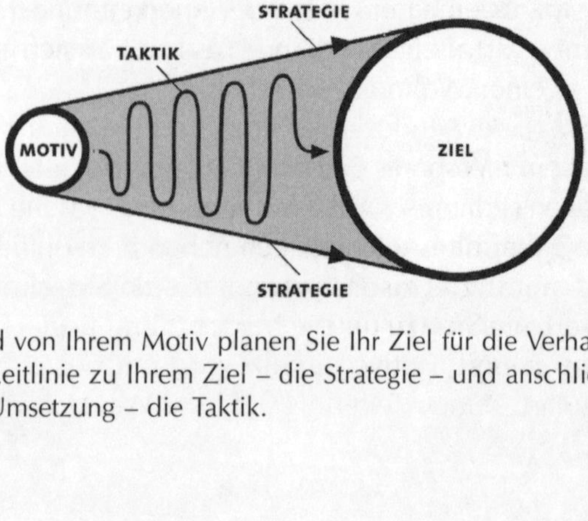

Ausgehend von Ihrem Motiv planen Sie Ihr Ziel für die Verhandlung, dann die Leitlinie zu Ihrem Ziel – die Strategie – und anschließend die konkrete Umsetzung – die Taktik.

Die Strategie

Grundsätzlich gibt es vier Möglichkeiten der Strategieplanung:

- Druck ausüben
- Ausweichen
- Nachgeben
- Partnerschaft

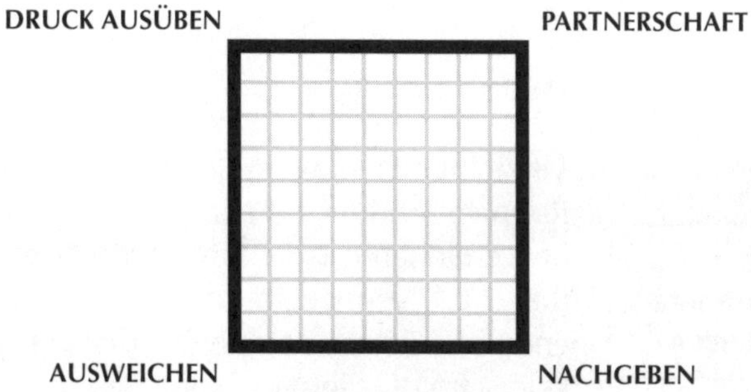

Sie können zwischen vier grundsätzlichen Strategierichtungen entscheiden.

Strategie 1: Druck ausüben

Wenn Sie auf Ihren Verhandlungspartner starken Druck ausüben, wollen Sie der Sieger sein, Sie allein möchten Ihr Verhandlungsziel erreichen. Dabei ist es Ihnen egal, was mit Ihrem Verhandlungspartner passiert. Hauptsache, Sie erreichen Ihr Ziel.

Diese Strategie wenden viele an, wenn Sie glauben, gewinnen zu können. Wenn Ihr Verhandlungspartner glaubt, gewinnen zu können, dann sollten Sie sich die Frage stellen, was Sie getan haben, damit er das glauben kann!

Hier ist wichtig, zwischen der hartnäckigen Initiative und dem Willen zum Sieg zu unterscheiden. Wer hartnäckig für seine Positionen und Motive eintritt, wird mit der Strategie des Druckausübens einen Teilerfolg auf dem Weg zu einer zufrieden stellenden Vereinbarung erreichen. Er wird Druck ausüben und gleichzeitig in anderen Gebieten nachgeben. Wenn er jedoch nur an sein Ziel denkt und dieses Ziel unbedingt durchbringen will, dann wird der andere abblocken. Wenden beide Verhandlungspartner diese Strategie an, dann kommt es zum Kampf. Jeder will gewinnen und keiner möchte etwas abgeben. Das ist dann das Ende der Verhandlung.

Was haben Sie getan, damit Ihr Verhandlungspartner glaubt, er könne ohne Sie gewinnen'?

Strategie 2: Ausweichen

Beim Ausweichen verzichten Sie auf eine Forderung, auf eine Kooperation und auf eine zufrieden stellende Vereinbarung. Sie fliehen vor dem Konflikt und vermeiden somit jede Auseinandersetzung mit dem Verhandlungspartner. Wie schön für Ihn!

Ausweichen heißt Konfrontationen meiden

Ausweichen macht nur als Taktik Sinn, wenn Sie eine Forderung – erst einmal – ins Leere laufen lassen möchten. Sie vertagen sie damit auf einen späteren Zeitpunkt, wenn Sie glauben, dass Sie mit ihr dann besser umgehen können.

Wenn Sie das Gefühl haben, dass Ihr Verhandlungspartner zum jetzigen Zeitpunkt übermächtig ist, dann können Sie seine Forderung oder seinen Angriff ins Leere laufen lassen.

Ich habe diese Technik beim Jiu-Jitsu, einer japanischen Kampfsportart, erlernt. Beim Jiu-Jitsu stellen Sie sich der Kraft des Gegners nicht entgegen, sondern Sie lassen sie ins Leere laufen, indem Sie den Gegner an sich vorbei führen. Sie können ihn solange mit dieser Technik »bekämpfen«, bis er an Kraft verloren hat. Mit einem schwächeren Gegner wird der Kampf für Sie leichter. Das Kämpfen bleibt Ihnen aber nicht erspart.

Genauso ist es beim Verhandeln. Mit Ausweichen schwächen Sie einen übermächtigen Gegner solange, bis er für die Verhandlung bereit ist oder einen Fehler begeht. Verhandeln müssen Sie aber nach wie vor. Wenn Sie nur Ausweichen und sich nicht stellen, dann überlassen Sie das Feld Ihrem Verhandlungspartner.

> Die Strategie »Zeitgewinn« war bei der beispielhaft angeführten Geiselnahme eine sehr wirksame Variante des Ausweichens. Der allein handelnde Geiselnehmer läuft mit jeder Forderung ins Leere. Wenn er dann müde und erschöpft ist, kommt der Zeitpunkt für eine andere Strategie.

Strategie 3: Nachgeben

Wenn Sie nachgeben, zeigen Sie Ihre Bereitschaft zur Partnerschaft. Sie geben dabei Ihr Ziel zumindest teilweise auf. Diese Strategie kann sehr nützlich sein, um ein Zeichen des Einlenkens zu geben. Ihr Verhandlungspartner kann dieses Zeichen als solches erkennen und Ihnen im Gegenzug ein Stück näher kommen. Er kann es allerdings auch als Einladung zu mehr Druck verstehen. Wenn er Siegeschancen wittert, wird er sein Drängen verstärken. Wenn Ihr Verhandlungspartner Sie sehr drängt, kann es daran liegen, dass Sie bisher zu viel nachgegeben haben.

Wenn Sie nachgeben, lenken Sie ein

Wichtig für Sie ist die Feststellung, dass Nachgeben bei unwichtigen Verhandlungspunkten sehr sinnvoll sein kann – sofern Sie die wichtigen Ziele am Ende dann doch erreichen.

Strategie 4: Partnerschaft

Diese Strategie macht beide Verhandlungspartner zu Gewinnern. Es werden die Motive von beiden Seiten berücksichtigt. Das setzt natürlich voraus, dass Sie die Motive des Verhandlungspartners genau kennen.

Eine weitere Voraussetzung ist, dass beide eine Zusammenarbeit wünschen und das notwendige Vertrauen besteht. Wenn Sie Ihrem Verhandlungspartner nicht vertrauen, dann können Sie diese Strategie nicht anwenden.

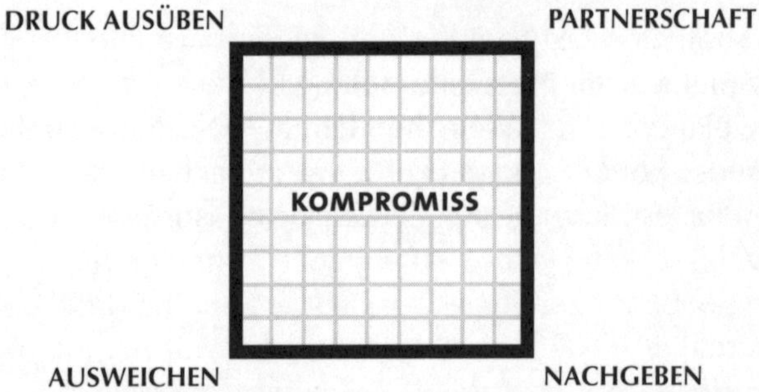

Mit einem Kompromiss verlassen Sie die konsequente Umsetzung einer grundsätzlichen Strategierichtung – zum Nutzen einer halbwegs zufrieden stellenden Vereinbarung.

Strategie 5: Der Kompromiss

Im Kompromiss kooperieren Sie ein wenig, aber nicht vollständig. Das Ziel beim Kompromiss ist, eine halbwegs – auf halbem Weg – zufrieden stellende Vereinbarung zustande zu bringen. Die Verhandlungspartner treffen sich »in der Mitte«; keiner wird richtig zufrieden sein, aber beide können mit der Vereinbarung leben. Der große Vorteil dabei ist, dass immerhin eine Vereinbarung getroffen wird. Zwar keine optimale, aber doch eine Vereinbarung.

Ein Beispiel:
Angenommen, Sie möchten eine Softwarelösung an einen Konzern verkaufen und erwarten dabei eine schwierige Preisverhandlung. Überlegen Sie sich bereits vor der Verhandlung, welche Vereinbarung für Sie optimal wäre und welche Untergrenze Sie für die Verhandlung ansetzen.

Gehen Sie bitte nie in eine Verhandlung um nur mal zu sehen, welche Forderungen der Verhandlungspartner stellt. Wenn Sie kein klares Ziel formuliert haben, kann

Ihr Verhandlungspartner sehr leicht die Führung in der Verhandlung übernehmen und Sie dazu verleiten, die Untergrenze aufzugeben.

Das Ziel für die Preisverhandlung:
Ihr Ziel ist beispielsweise, mit 3 Prozent Nachlass die Softwarelösung zu verkaufen. Weniger Nachlass wäre aufgrund Ihrer bisherigen Erfahrung unrealistisch.

Dann sollten Sie Ihre Untergrenze formulieren, die vielleicht bei 8 Prozent Nachlass liegt. Das heißt, dass Sie bei maximal 8 % Nachlass unterschreiben würden, 9 Prozent würden für Sie nicht mehr in Betracht kommen.

Formulieren Sie also vor der Verhandlung Ihr Ziel. Die Wichtigkeit, eine Untergrenze zu formulieren, wird meist unterschätzt. Viele Verkäufer lassen sich leider von ihrem Verhandlungspartner durch die Verhandlung führen und geben dann ohne zu kämpfen die Untergrenze preis. Wenn der Verhandlungspartner mit der Salamitaktik immer mehr fordert, geben die Verkäufer auch immer noch ein bisschen mehr dazu.

Setzen Sie sich eine Untergrenze

Am Ende der Verhandlung stellen die Verkäufer fest, dass sie doch mehr gegeben haben, als sie eigentlich wollten. Ein deutlicher Beweis, dass die Untergrenze nicht frühzeitig formuliert und hartnäckig verteidigt worden ist.

Die Strategie für Ihre Preisverhandlung:
Wenn Sie eine für beide Seiten zufrieden stellende Vereinbarung anstreben, dann ist hier die Strategie »Partnerschaft« sinnvoll.

Das heißt, Sie wollen innerhalb Ihres Zielbereichs verkaufen, müssen also von Ihrer Wunschvorstellung mit 3 Prozent Nachlass abrücken. Sie dürfen dabei jedoch nie unter 8 Prozent kommen, sonst wäre Ihr Verhandlungspartner der alleinige Sieger. Sie dürfen bei dieser Strategie nicht zu viel Druck ausüben, dürfen sich aber dem Druck des Verhandlungspartners auch nicht beugen.

Welche Strategie sollten Sie anwenden?

Die Auswahl der für Sie passenden Strategie richtet sich nach folgenden Gesichtspunkten:

- Wie wichtig ist Ihnen die Vereinbarung?
- Wie ist die Macht verteilt?
- Welche gemeinsamen Interessen gibt es?
- Welche persönliche Beziehung haben Sie zu Ihrem Verhandlungspartner?
- Wie soll die Beziehung zu Ihrem Verhandlungspartner nach der Verhandlung sein?

Wie wichtig ist Ihnen die Vereinbarung?

Wenn es um Leben oder Tod geht, werden Sie mit vollem Einsatz an die Verhandlung herangehen. Bei einer Rabattverhandlung wird Ihr Einsatz demgegenüber spürbar nachlassen. Es sei denn, Ihr Verbleiben in diesem Job hängt von einer erfolgreichen Rabattverhandlung ab. Handelt es sich bei der Verhandlung um einen Präzedenzfall, werden Sie mit mehr Engagement agieren als in einer Routineverhandlung.

Setzen Sie Prioritäten

In einer wenig bedeutsamen Routineverhandlung werden Sie schnell mal nachgeben, damit Sie sich der nächsten, wichtigeren Verhandlung widmen können. Bei einem Präzedenzfall wäre ein Nachgeben verhängnisvoll, weil damit das Ergebnis aller nachfolgenden Verhandlungen bereits vorbestimmt wäre. Fragen Sie sich also: Welche Folgen hätte eine zufrieden stellende Vereinbarung, welche Folgen hätte ein Scheitern?

Wie ist die Macht verteilt?

Wer die Macht in einer Verhandlung besitzt, wird seine Forderungen auch durchboxen wollen. Wer glaubt, gewinnen zu können, wird nicht von seinen Forderungen abrücken. Es sei denn, er möchte von dieser Verhandlung ablenken und den Blick auf ein anderes Feld lenken.

Wenn Sie sich also wundern, wieso Ihr Verhandlungspartner, obwohl er die Macht hat, seine Forderung nicht durchsetzt, dann sollten Sie misstrauisch werden.

Welche gemeinsamen Interessen gibt es?

Je mehr gemeinsame Interessen Sie mit Ihrem Verhandlungspartner haben, desto leichter wird es sein, an einem Strang zu ziehen. Die Analyse der Interessen ist deshalb eine Grundvoraussetzung für eine erfolgreiche Verhandlungsstrategie.

Welche persönliche Beziehung haben Sie zu Ihrem Verhandlungspartner?

Handelt es sich bei Ihrem Verhandlungspartner um einen Freund oder um einen unbekannten Geschäftspartner? Wenn Sie schon mehrfach mit ihm erfolgreich zusammengearbeitet haben, dann wird das Vertrauen bereits aufgebaut sein. Eine vertrauensvolle Zusammenarbeit muss eben erst geschaffen werden. In dieser Situation kann auch noch gut verhandelt werden, wenn die Interessen weit auseinander liegen. Vielleicht gibt dann einer der Verhandlungspartner nach, um die gute Beziehung nicht zu gefährden. Denkbar ist auch, dass auf eine Einigung komplett verzichtet wird, um eine andere, zukünftige Verhandlung zu ermöglichen. Eine gute Beziehung zum Verhandlungspartner ist die Grundvoraussetzung für Verhandlungen mit großen Risikofaktoren.

Nehmen wir ein Beispiel aus dem *Wall Street Journal*: »Schon immer nahm die engagierte Marketing-Managerin Rochelle Lazarus die persönliche Beziehung zu ihren Kunden ernst – nicht erst, seit der Werbekonzern Ogilvy & Mather sie für das Nordamerika-Geschäft verantwortlich machte. Seit vielen Jahren bereits ging sie jeden Mittag mit alten und neuen Kunden essen, pflegte Bekanntschaften und den sprichwörtlichen guten Draht, nicht nur zu den Chefetagen. In jedem Unternehmen, das sie betreute – im ersten Drittel ihrer Karriere war es immerhin American Express – kannte sie ganze Heerscharen von leitenden Angestellten aller Ebenen und Abteilungen. Der enorme Zeitaufwand zahlte sich nach etlichen Jahren für ihre Firma schließlich aus. 1992 holte sie den Werbeauftrag für das Kreditkartengeschäft von American Express zurück. Doch den ganz großen Coup landete sie erst zwei Jahre später, als sie mit ihren guten Beziehungen den 400-Millionen-Dollar-Werbeetat des Computergiganten IBM für ihr Unternehmen gewinnen konnte. Natürlich hätte sie diesen dicken Fisch nie ohne die herausragende Leistung und unbestrittenen Erfolge ihrer renommierten Werbeagentur an Land ziehen können. Aus einem internen Papier von IBM geht jedoch hervor, dass die langjährigen Kontakte von Frau Lazarus zum IBM-Vorstandsvorsitzenden Louis V. Gerstner und seiner Vizepräsidentin für Marketing, Abby Kohnstamm, das Fundament für die Vergabe des IBM-Etats an Ogilvy gelegt haben. Das dabei allmählich gewachsene Vertrauensverhältnis hatte die finanziellen Risiken einer neuen Werbekampagne erheblich gemildert. Den guten Draht zu ihren Kunden Gerstner und Kohnstamm hatte Frau Lazarus übrigens schon gepflegt, als die beiden noch auf der Gehaltsliste von American Express standen. Von ihrer ungleich größeren Chance bei IBM konnte sie also im Voraus noch gar nichts wissen. Neben der Rolle einer guten persönlichen Beziehung zu wichtigen Verhandlungspartnern unterstreicht dieses Beispiel wieder einmal die strategische Bedeutung einer langfristigen Sichtweise.«

Vertrauen Sie Ihrem Verhandlungspartner? Wenn nicht, dann ist eine Partnerschaft in dieser Verhandlung nicht möglich. Genießen Sie das Vertrauen Ihres Verhandlungspartners? Wenn nicht, dann sollten Sie vertrauensbildende Maßnahmen einleiten.

Wie soll die Beziehung zu Ihrem Verhandlungpartner nach der Verhandlung sein?

Möchten Sie nach der Verhandlung noch ein gutes Verhältnis zu Ihrem Verhandlungspartner haben? Wenn ja, dann muss Ihre Strategie in Richtung Partnerschaft oder zumindest Kompromiss gehen. Wenn Sie nach der Verhandlung mit diesem Menschen nichts mehr zu tun haben möchten, dann können Sie auch Druck ausüben. Bedenken Sie, dass eine Strategie der Härte auch Härte bei Ihrem Verhandlungspartner produziert.

Finden Sie Ihren Verhandlungsstil

Sie haben jetzt die Bedeutung der verschiedenen Strategien kennen gelernt. Die Frage ist nun, welche Strategie Sie in Ihrer Verhandlung einsetzen sollen. Professionelle Verhandler beherrschen alle genannten Strategien und können sie auch überzeugend darstellen. Sie fordern mit herrschendem Ton, sie weichen aus, geben bei Teilentscheidungen nach, forcieren eine vertrauensvolle Zusammenarbeit oder schließen einen Kompromiss.

Überlegen Sie sich, welche dieser Strategien am besten zu Ihrer Persönlichkeit passt. Sie werden sich bei der einen Strategie wohler fühlen als bei einer anderen. Jeder Verhandler hat deshalb seine Vorlieben. Welchen Verhandlungsstil haben Sie? Setzen Sie sich eher durch (Angriffstyp) oder fliehen Sie lieber aus der Situation (Fluchttyp)? Welchen Verhandlungsstil hat Ihr Verhandlungspartner? Wird er fordernd oder kompromissbereit auftreten?

Die nächste Frage, die Sie sich stellen sollten, ist, ob Sie mit Ihrem persönlichen Stil das Ziel Ihrer Verhandlung erreichen können? Ist Ihre persönliche Strategie wirklich die geeignete für diese Verhandlung?

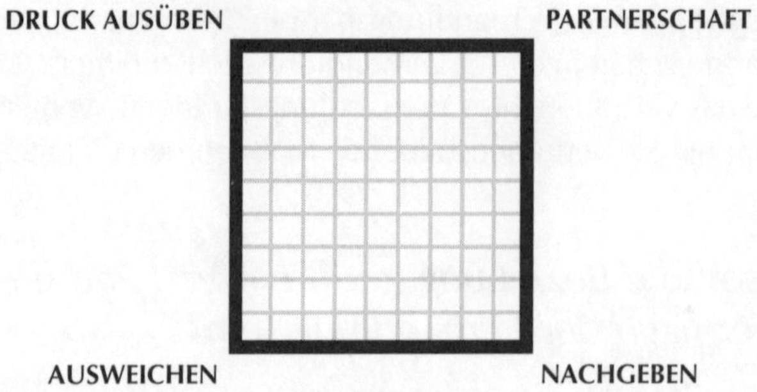

Zeichnen Sie bitte in diese Grafik Ihren derzeitigen Standpunkt ein. Haben Sie bisher eine fordernde oder eher eine ausweichende, eine kooperative oder vielleicht unkooperative Stellung bezogen? Nachdem Sie diesen Punkt markiert haben, zeichnen Sie das Ziel Ihrer Verhandlung in die Skizze ein. Wenn Sie diese beiden Punkte verbinden, haben Sie die passende Strategie für Ihre Verhandlung. Das Gleiche machen Sie jetzt mit dem derzeitigen Standpunkt Ihres Verhandlungspartners und mit dessen Ziel. Die Verbindung der Punkte stellt die Strategie Ihres Verhandlungspartners dar.

Wenn nicht, dann sollten Sie sich auf alle Fälle von Ihren persönlichen Vorlieben lösen und einen anderen Verhandlungsstil anwenden können.

Machen Sie sich bitte Folgendes bewusst:

Wie wichtig ist Ihnen die Vereinbarung? – Welche Folgen hätte eine zufrieden stellende Vereinbarung, welche Folgen hätte ein Scheitern der Vereinbarung?

Welche gemeinsamen Interessen gibt es? – Bei welchen Verhandlungspunkten gibt es gemeinsame Interessen? Je mehr Interessen Sie analysieren, desto leichter lässt sich die Verhandlung führen.

Welche persönliche Beziehung haben Sie zu Ihrem Verhandlungspartner? – Vertrauen Sie Ihrem Verhandlungspartner? Wenn nicht, dann ist eine kooperative Zusammenarbeit nicht möglich. Genießen Sie das Vertrauen Ihres Verhandlungspartners? Wenn nicht, dann sollten Sie vertrauensbildende Maßnahmen einleiten.

Die Taktik

Auch mit einer Umarmung kann man einen Gegner bewegungsunfähig machen.
AMINTORE FANFANI

Die Umarmung ist eine von sehr vielen möglichen Taktiken in einer Verhandlung.

Zur Erinnerung: Die Taktik ist die konkrete Umsetzung der Strategie, es sind ihre einzelnen Aktionen.

Ich vergleiche die Taktik in meinen Seminaren immer mit einem großen Werkzeugkasten, der viele Schubladen hat. In jeder Schublade steckt ein Werkzeug, das ich bei Bedarf herausholen kann. Jedes Werkzeug steht für eine Taktik, je mehr Werkzeuge – Taktiken – ich zur Verfügung habe, desto besser kann ich verhandeln. Da jede Verhandlung anders verläuft, kann das eine Werkzeug hier das richtige sein, bei der nächsten Verhandlung ist es dann vielleicht das falsche. Es gibt deshalb nicht die einzig richtige Taktik, sondern eine große Auswahl, die Sie je nach Bedarf einsetzen können.

Je mehr Werkzeuge – Taktiken – Sie zur Verfügung haben, desto besser können Sie verhandeln.

Mit der Kenntnis der folgenden Taktiken erlangen Sie zwei Vorteile:

- Sie können die Taktiken ja nach Situation einsetzen. Beachten Sie bitte, dass nicht alle Taktiken zu Ihrer Persönlichkeit und Ihrem Verhandlungsstil passen. Wenn Sie sich für eine Taktik entscheiden, dann müssen Sie sich sicher sein, dass diese Taktik überzeugend beim Verhandlungspartner ankommt. Nichts ist peinlicher, als eine dilettantische Darstellung einer frisch erlernten und damit durchschaubaren Taktik. Üben Sie diese Taktiken deshalb vor einer wichtigen Verhandlung in unwichtigen Verhandlungen und im privaten Umfeld.
- Sie besitzen die Möglichkeit, Ihren Verhandlungspartner hinsichtlich seiner Taktiken zu durchschauen. Bedenken Sie bitte, dass Ihr Verhandlungspartner eine Taktik auch zu Ihrer Ablenkung oder Verwirrung einsetzen kann.

Taktik 1: Umarmung

Bei der Umarmung wird Ihr Harmoniebedürfnis ausgenutzt. Sie werden von Ihrem Verhandlungspartner mit Essenseinladungen, Theaterbesuchen und anderen Annehmlichkeiten überschüttet. Als Gast des Verhandlungspartners dürfen Sie nicht ablehnen, das gebietet die Höflichkeit. Später wird dann eine Gegenleistung in der Verhandlung eingefordert, nicht aggressiv, sondern einfach als Bitte. Nachdem Sie bereits so viel Zuwendung erhalten haben, ist es fast unmöglich, diese »Bitte« abzuschlagen.

Mein Verhandlungstipp:

- Wehren Sie sich von Anfang an gegen zu viel Zuwendung. Wenn Sie zum Essen eingeladen werden, dann bringen Sie ein schönes Geschenk mit. Sobald Sie sich zu etwas schuldig fühlen, sind Sie manipulierbar.

Taktik 2: Präzedenzfall

Der Präzedenzfall ist eine sehr beliebte und häufig angewandte Taktik. Dabei wird auf ähnliche Verhandlungen in der Vergangenheit verwiesen: »Bei den letzten Verhandlungen haben wir auch … bekommen.« Oder es wird auf andere laufende Verhandlungen Bezug genommen: »Bei der anderen Firma bekommen wir …« Die Taktik können Sie sehr leicht einsetzen, sie wird allerdings auch leicht durchschaut, was aber kein großes Problem ist, weil auch kein großer Schaden entstehen kann.

Mein Verhandlungstipp:

- Argumentieren Sie gegen die Vergleichbarkeit der Fälle! Das heißt, dass Sie dem Verhandlungspartner klarmachen, dass diese beiden Verhandlungen überhaupt nicht miteinander verglichen werden können.

Eine beliebte Taktik bei Autokäufern ist es beispielsweise, von einem Autohaus zum nächsten zu fahren, um die jeweils besten Angebote einzuholen. Da das Produkt – ein Auto – absolut vergleichbar ist, stellen die potenziellen Autokäufer die Vergleichbarkeit sofort in den Vordergrund. »Ich möchten einen … mit der speziellen Ausstattung. Wie viel Nachlass geben Sie mir?« Wenn ein Verkäufer nun auf diesen Zug aufspringt, hat er verloren. Er wird einer von vielen Verkäufern sein, die sich gegenseitig unterbieten werden. Besser ist es, die Vergleichbarkeit über Details herauszunehmen. Ein Verkäufer könnte beispielsweise auf diese Forderung antworten. »Da haben Sie sich für ein schönes Auto entschieden. Warum nehmen Sie eigentlich bei dieser Ausstattung keine weißen Blinkergläser?«

Der potenzielle Kunde kommt jetzt in Zugzwang und wird neugierig fragen, wieso denn die weißen Blinkergläser bei diesem Modell gut aussehen. Jetzt ist das Eis gebrochen und der Verkäufer kann wieder in die Analyse einsteigen und das Beratungsgespräch von Neuem beginnen.

Wenn sich ein Verhandlungspartner auf einen Präzedenzfall bezieht, fragen Sie ihn doch, wieso er denn dann bei den anderen noch nicht gekauft hat? Durch das Verweisen auf einen Präzedenzfall bringt der Verhandlungspartner auch zum Ausdruck, dass er an einer Verhandlung mit Ihnen interessiert ist. Warum sollte er sich sonst bei Ihnen um eine Verhandlung bemühen?

Taktik 3: Unwahrheiten

Ich habe immer damit gerechnet, dass Drogendealer und Verbrecher lügen. So war ich nie überrascht, wenn ich als Polizeibeamter angelogen wurde. In der Betreuung von Unternehmen habe ich mich dann doch gewundert, wie oft die Verkäufer und Berater von Kunden angelogen wurden. Da wurden Vergleichsangebote gefälscht und für eine Verhandlung missbraucht. Da wurden Verkäufer angelogen, dass es dieses Produkt beim Mitbewerber deutlich billiger gebe. Bei den Nachforschungen stellte sich dann heraus, dass alles erlogen war. Wehe, wenn Sie so einem »Partner« vertrauen und sich aufs Glatteis führen lassen. Sie verhandeln dann mit echten Fakten und geben Ihre Untergrenze preis. Wenn Sie dann auch noch sagen, dass Sie diesen Preis auf gar keinen Fall unterbieten können, wird der Kunde zufrieden sein. Und er wird nicht bei Ihnen kaufen, sondern weiterziehen und bei Ihren Mitbewerbern sein Glück versuchen. Die Untergrenzen kennt er jetzt und kann sie in der nächsten Verhandlung einbringen.

Mein Verhandlungstipp:

- Glauben Sie Ihrem Verhandlungspartner nicht alles und lassen Sie sich die »Vergleichsangebote« zeigen. Sagen Sie, dass der Verhandlungspartner natürlich vertrauenswürdig ist, Sie jedoch in der Vergangenheit schlechte Erfahrungen mit anderen Partnern gemacht haben.

Taktik 4: Versprechungen

Versprechungen verpflichten nur den, der an sie glaubt.

JACQUES CHIRAC

Noch dramatischer als Lügen sind Versprechungen. Bei der Polizei sind meine Verhandlungspartner mit Versprechungen oft sehr freizügig umgegangen. Ich kann mich noch sehr gut an Verhandlungen erinnern, in deren Verlauf man mir das Blaue vom Himmel herunter versprochen hat. Ich bin denjenigen aber nicht böse, weil sie sich alle in einer höchst bedrohlichen Situation befunden haben. Oder sie standen unter Drogeneinfluss und haben nicht mehr recht kapiert, was da abgelaufen ist.

Meine Verhandlungstipps:

- Wenn Ihnen jemand etwas verspricht, dann sehen Sie dieses Versprechen bitte äußerst kritisch. Vertrauen Sie Ihrem Verhandlungspartner und kontrollieren Sie, ob er sich an die Absprachen hält. Nach dem Motto: Vertrauen ist gut, Kontrolle ist besser.
- Wie sollen Sie selbst es mit der Wahrheit und den Versprechungen halten? Zur Wahrheit habe ich einen guten Tipp: »Alles, was man sagt, soll wahr sein; aber nicht alles, was wahr ist, soll man sagen.«

Bei Versprechungen rate ich zu höchster Vorsicht. Stellen Sie sich die Frage, ob es wirklich notwendig ist, ein Versprechen abzugeben. Meist reicht auch die Zusicherung, alles für den Erfolg einer Sache zu tun. Wenn Sie ein Versprechen geben, müssen Sie es auch einhalten. Wenn Sie es nicht einhalten können – auch wenn es nicht in Ihrer Schuld steht – haben Sie bei Ihrem Verhandlungspartner verloren. Und das völlig zurecht.

Taktik 5: Treffen in der Mitte

Viele Verhandler haben eine Vorliebe für die Tendenz zur Mitte. Die Mitte wird als Gleichverteilung und somit als fair empfunden. Diese Vorliebe kann jedoch sehr leicht ausgenutzt werden. Wenn Sie selbst ein faires Angebot vorgelegt haben, sucht sich Ihr Verhandlungspartner einen Wert fernab jeder Realität, um Sie dann zur Mitte zu zwingen. Sie möchten beispielsweise 300 Mark und wollen bis maximal 250 Mark runtergehen. Ihr Verhandlungspartner schlägt 100 Mark vor und wartet Ihre Reaktion ab. Sie kippen fast vom Stuhl und er sagt: »Treffen wir uns doch in der Mitte, das ist fair.« Jetzt ist die Verhandlung bei 200 Mark angekommen und Sie gelten als kompromisslos, wenn Sie mehr als das haben möchten.

Diese Taktik ist deshalb so gemein, weil wir uns ungern als unfair bezeichnen lassen.

Meine Verhandlungstipps:

- Fragen Sie sich, wieso Sie sich in der Mitte treffen sollten. Es gibt keinen nachvollziehbaren Grund, warum die Mitte richtig sein soll. Und die Mitte liegt immer zwischen zwei Punkten, von denen einer von Ihrem Verhandlungspartner bestimmt worden ist. Ohne reellen Bezug, einfach aus taktischen Gründen.
- Lassen Sie sich nicht auf dieses Spiel ein und hinterfragen Sie den Vorschlag Ihres Verhandlungspartners. »Wie bitte kommen Sie auf eine Forderung von 100 Mark?« Lassen Sie auf gar keinen Fall diesen Vorschlag im Raum stehen, sonst pendelt sich die Verhandlung nach den Vorstellungen Ihres Verhandlungspartners ein.

Taktik 6: Schmeicheleien

Das Gewähren von Anerkennung ist ein wichtiger Faktor in Verhandlungen. Wir freuen uns über jede Anerkennung und das soll auch so bleiben. Achten Sie jedoch darauf, wenn die Anerkennung übertrieben ausgesprochen wird und Ihnen geschmeichelt wird. Das Lächeln des attraktiven Verhandlungspartners und eine zweideutige Bemerkung wecken vielleicht Gefühle in Ihnen. Manche sind für diese Reize sehr empfänglich und können deshalb auch leicht beeinflusst werden.

Meine Verhandlungstipps:
- Widersetzen Sie sich diesen Reizen und machen Sie sich immer klar, dass Sie als Verhandler unterwegs sind.
- Es kann gut sein, dass keine böse Absicht hinter diesem Lächeln steckt. Wenn allerdings eine böse Absicht dahintersteckt und Sie darauf reinfallen, haben Sie für den Rest der Verhandlung verloren.

Taktik 7: Der gute und der böse Polizist

Die Geschichte vom guten und bösen Polizisten habe ich oft in Verhandlungsratgebern gelesen. Obwohl wahrscheinlich keiner dieser Autoren jemals bei einer polizeilichen Vernehmung dabei war, ist diese Verhandlungstechnik als *die* Verhandlungsmethode bei der Polizei dargestellt worden.

Die Technik »guter und böser Polizist« wird tatsächlich in der Vernehmung angewandt, allerdings nur bei kleineren Delikten. Wenn ein 18-jähriger Fahrraddieb das erste Mal bei der Polizei aussagt, dann ist diese Methode geeignet.

Der Straftäter wird dabei von zwei Polizeibeamten zu dem Vorfall befragt. Die Angaben zu seiner Person *muss* er vor der Polizei leisten. Zur Sache, also zum Vorfall der Straftat, *kann* er sich äußern. Er kann jedoch auch die Aussage zur Sache verweigern und sich mit einem Rechtsanwalt besprechen. Wenn ein Straftäter dann den Vorfall schildert, schlüpft ein Polizeibeamter in die Rolle des bösen Polizisten. Dieser böse Polizist glaubt den Aussagen des Straftäters nicht und zieht alle Argumente in Zweifel. Er sagt ihm klar und deutlich, dass er mit diesen Aussagen keine Chance habe und dass der Staatsanwalt ihn dafür auslachen werde. Es ist auch schon vorgekommen, dass der böse Polizist den Straftäter beschimpft und ihn der Lüge bezichtigt. Nach dieser Show verlässt er den Raum und der gute Polizist tritt in Aktion. Er stellt sich als Freund des Straftäters dar und sagt ihm, dass er ihm helfen werde. Dazu solle er jetzt schnell die Wahrheit sagen, bevor der böse Polizist wieder auftaucht. Fällt der Straftäter auf diese Show herein, wird er vielleicht die Wahrheit sagen. Oder er sagt irgend etwas, nur um aus dieser Situation herauszukommen und die Aussage später zu widerrufen.

Diese Gesprächstaktiken funktionieren tatsächlich nur bei Bagatelldelikten. Die Profis unter den Gesetzesbrechern fallen auf solche Tricks natürlich nicht mehr herein.

Abwandlungen dieser Taktik werden in anderen Verhandlungen jedoch gerne eingesetzt. Dabei wird immer versucht, den Verhandlungspartner ins Boot zu ziehen und als Freund darzustellen.

Mein Verhandlungstipp:

- Spielen Sie dieses Spiel auf gar keinen Fall mit, sondern machen Sie sehr schnell deutlich, dass Sie diese Taktik durchschaut haben.

Taktik 8: Sitzordnung

Ihr Verhandlungspartner kann durch das Bestimmen der Sitzordnung bereits Einfluss auf den weiteren Verlauf der Verhandlung nehmen.

Konrad Adenauer sollte sich bei seinem ersten Besuch als deutscher Bundeskanzler in Frankreich streng an das Protokoll halten. Die französischen Diplomaten schrieben der deutschen Delegation vor, wie und wo Konrad Adenauer zu gehen und zu stehen hatte. Er sollte bei der Begrüßung des französischen Staatschefs am Rand eines großen runden Teppichs warten, bis der Staatschef ihn dort abholte. Die Symbolik ließ keinen Zweifel an der Absicht des Protokolls. Der französische Staatschef stand in der Mitte eines großen runden Teppichs und wartete, bis der deutsche Staatschef den Raum betreten hatte. Dann sollte Adenauer bis zum Rand des Teppichs gehen.

Konrad Adenauer wusste natürlich von diesem Protokoll, betrat den Raum, blieb nicht am Rand des Teppichs stehen, sondern schritt zielstrebig zur Mitte, um den französischen Staatschef zu begrüßen. Dieser war sichtlich erstaunt, erkannte aber an dieser Geste, dass der deutsche Bundeskanzler nicht als Kriegsverlierer oder Bittsteller nach Frankreich gekommen war, sondern als gleichberechtigter Partner für die zukünftige Politik.

Durch diese Sitzordnung wird deutlich, dass sich die Verhandlungspartner »gegenüber«sitzen.

Diese Sitzordnung vermindert die Konfrontation. Auch die Tischform beeinflusst die Kommunikation.

Meine Verhandlungstipps:

- Genauso wie Adenauer sollten Sie sich auch verhalten. So könnten Sie beispielsweise aufgrund der Sitzordnung bereits in eine für Sie ungünstige Position gebracht werden: Ihr Verhandlungspartner sitzt hinter seinem großem Mahagonischreibtisch, Sie sitzen auf einen Klappstuhl davor und wollen jetzt Ihre starke Position darstellen? Sie werden im Einzelfall entscheiden, ob Sie das Gastgeberrecht würdigen und den Platz einnehmen, der Ihnen angeboten wird oder ob Sie auf diesen Platz verzichten und um einen anderen bitten. Allein durch diese Geste sagen Sie klar und deutlich, dass Sie nicht auf alle Vorschläge des Verhandlungspartners eingehen werden.
- Beachten Sie bitte, dass die Sitzordnung eine Verhandlung sehr erleichtern oder wesentlich erschweren kann.

Ein psychologischer Tipp zum Betreten von Räumen:

Wenn Sie einen Raum betreten, laufen Sie nicht gleich durch den Raum, sondern bleiben Sie zwei Schritte nach der Tür stehen. Bleiben Sie stehen und begrüßen Sie Ihren Verhandlungspartner, ohne weiter auf ihn zuzugehen. Ihr Verhandlungspartner wird meist aufstehen und auf Sie zukommen. So hat er bereits seinen »Thron« verlassen und Sie begrüßen sich auf einer gleichberechtigten Ebene.

Taktik 9: Berufung auf eine höhere Instanz

Wenn Ihr Verhandlungspartner eine Forderung nicht erfüllen will, dann kann er sich auf eine höhere Instanz berufen. Er wird Ihnen sagen, dass er noch seinen Chef, den Verkaufsleiter oder den Anwalt fragen muss. Wir Menschen sind »Herdentiere« und fühlen uns mit den Rollen in der Gesellschaft sehr wohl. Unsere Gruppenstrukturen tragen dazu bei, dass wir Hierarchien anerkennen und uns meist nicht dagegen auflehnen.

> Ein erschütterndes Beispiel dieses Autoritätsgedanken lieferte 1974 der amerikanische Psychiater Prof. Milgram in der *Milgram-Studie.* Er gab in einer Tageszeitung eine Annonce auf, dass er Versuchspersonen für eine Gedächtnisstudie suche. Auf diese Annonce meldeten sich mehrere Leser. Prof. Milgram bat sie, zu einer einstündigen Sitzung an die Universität zu kommen. Dort wurden sie von zwei jungen Männern empfangen, einer stellte sich als Leiter der Studie vor, äußerlich am weißen Kittel und einem Klemmbrett zu erkennen. Dieser Leiter sagte den Kandidaten, dass er den Test ein bisschen umgestellt habe und sie jetzt nicht als Testpersonen, sondern zur Mitarbeit benötige. Er zeigte einen Raum, in dem eine andere Testperson auf einem Stuhl saß. An der Person waren unzählige Kabel für Stromstöße angebracht. Der Leiter bat seinen »neuen Mitarbeiter« nun, Stromstöße auf die Testperson abzugeben. Er sagte, man erforsche die Konzentrationsfähigkeit der Menschen unter dem Einfluss von äußeren Faktoren. Der neue Mitarbeiter begann mit leichten Stromstößen und konnte dann sehen und hören, wie

die Testperson darunter litt. Sie musste Aufgaben lösen und wurde bei jeder falschen Antwort mit einem Stromstoß bestraft. Mit jeder Bestrafung wurde die Dosis erhöht. Der neue Mitarbeiter sah dann mit Schrecken, wie die Testperson misshandelt wurde, machte aber weiter.

Als dann die Testperson um Hilfe schrie, fragte der neue Mitarbeiter den Leiter, ob er mit den Stromstößen aufhören dürfe. Dieser verneinte und befahl ihm weiterzumachen. Und er machte weiter, bis die Testperson bewusstlos umfiel. Diese Studie wurde mehrfach durchgeführt. Alle 40 »neuen Mitarbeiter« machten bis zur Hälfte der Stromstöße mit (hier schrie die Testperson bereits). Zwei Drittel machten so lange weiter, bis die Testperson das Bewusstsein verlor.

Die Freiwilligen gaben am Ende der Studie an, dass die Aufgabe für sie fürchterlich war. Sie führten die Anweisungen jedoch aus, weil der Leiter die Stromstöße angeordnet hatte. Im Übrigen wusste keiner der neuen Mitarbeiter, ob der Leiter tatsächlich eine Autorität war. Durch die Annonce, das Telefongespräch und den weißen Kittel wurde den »neuen Mitarbeitern« jeder Zweifel genommen.

Die verkabelte Testperson war übrigens ein Schauspieler, der die Reaktionen auf die Stromstöße spielte. Das wurde jedoch nicht bemerkt, die Mitarbeiter hatten wirklich das Gefühl, einen Menschen zu Tode zu quälen. Sie litten selbst dabei und führten dennoch die »Anweisungen« aus.

Die Milgram-Studie überraschte alle Experten. Keiner hielt es für möglich, dass Menschen dermaßen obrigkeitshörig sein können. Die Studie war ursprünglich als Vorläufer für eine Untersuchung in Deutschland gedacht. In Deutschland wollte Prof. Milgram herausfinden, warum die Deutschen in der Nazizeit die schrecklichen Befehle ausgeführt hatten.

Die Studie in Deutschland wurde dann nicht mehr durchgeführt, das Ergebnis in den USA hatte genug Aussagekraft.

Bei meinen polizeilichen Verhandlungen habe ich mir das Wissen um die Wirkung der höheren Instanz zunutze gemacht. Wenn ich Zeit gewinnen wollte, habe ich mich auf Vorgesetzte, Einsatzleiter, Staatsanwälte oder Richter berufen. Ich habe gesagt, dass ich nicht alleine entscheiden könne, ob diese Forderungen erfüllt werden können. Obwohl ich es natürlich selbst hätte entscheiden können, berief ich mich auf die höhere Instanz.

Ich sagte, dass der Einsatzleiter zustimmen müsse und setzte so meinen Verhandlungspartner unter Druck. Er konnte mich nicht mehr angreifen und ein schnelleres Vorgehen einfordern. Erstaunlicherweise wurde mir diese Taktik immer geglaubt. Wenn Sie verhandeln und Ihr Verhandlungspartner sagt, dass er diese Forderung unmöglich bei seinem Chef durchbringt, dann wird er Sie vermutlich unter Druck setzen wollen. Das Interessante bei dieser Methode ist, dass der Verhandlungspartner sich als Verbündeter und die höhere Instanz als »den Bösen« darstellt. Wenn Sie auf diesen Zug aufspringen, wird der Verhandlungspartner Sie immer mehr als »Freund« umgarnen und gemeinsam mit Ihnen gegen »die da oben« kämpfen.

Mein Verhandlungstipp:

- Wenn sich Ihr Verhandlungspartner auf eine höhere Instanz beruft, dann fragen Sie ihn: »Was halten Sie davon, wenn ich mein Anliegen dort persönlich vortrage?« Möglicherweise wird er einlenken und dann doch selbst entscheiden. Auf alle Fälle wird er erkennen, dass Sie ein professioneller Verhandler sind.

Taktik 10: Bestimmen der Zeit

Das Notwendigste und Härteste und die Hauptsache in der Musik ist das Tempo. WOLFGANG AMADEUS MOZART

Auch in der Verhandlung ist das Tempo ein entscheidendes Element. Ein professioneller Verhandler wird versuchen, Sie in sein Zeitschema einzupressen. Er wird Ihnen den Zeitrahmen vorgeben und dadurch die Führung übernehmen.

Sie bestimmen, wie lange ein Thema verhandelt wird

Eine Verhandlung ist wie der Tanz eines Tangos. Der Mann führt die Frau und bestimmt dadurch das Tempo und die Figuren, also die Inhalte. Sie sollten in der Verhandlung die Rolle des Mannes einnehmen und Ihrem Verhandlungspartner durch eine straffe Führung jederzeit das Gefühl geben, dass Sie das Geschehen im Griff haben.

Das heißt nicht, dass Sie den Verhandlungspartner die ganze Zeit eng führen müssen. Sie geben ihm Raum, damit sich dieser entfalten kann. Eine Tänzerin kann sich beim Tango auch entfalten, sie kann zeigen, was sie kann. Sie tanzt ihre Figuren und zeigt dem Tänzer und den Zuschauern, wie toll sie tanzen kann. Wenn sie zu frei tanzt und die Dynamik und die Harmonie des Tangos gefährdet, führt der Mann sie wieder enger. So lange, bis er sie wieder »im Griff hat« und ihr wieder Raum zugesteht.

Ähnlich ist es in der Verhandlung, Sie führen Ihren Verhandlungspartner durch die Verhandlung. Während der Analysephase geben Sie ihm Raum, hier kann er erzählen und Ihre Fragen beantworten. Wenn er zu weit abschweift, dann holen Sie ihn durch gezielte Fragen wieder näher heran. Mit zunehmender Dauer führen Sie immer enger, Sie bestimmen die Pausen, Sie beschränken die Zeit und Sie vertagen die Verhandlung.

Sollten Sie die Führung nicht übernehmen, passiert Ihnen das Gleiche wie beim Tango: Ihr Tanzpartner übernimmt die Führung.

Sie bestimmen, wie die Zeit zu Ihren Gunsten eingeteilt wird

Es ist nicht wichtig, wie viel Zeit tatsächlich zur Verfügung steht. Sie können die Zeitvorgabe in Ihrem Sinn für die Verhandlung einsetzen.

Eine beliebte Taktik ist die künstliche Beschränkung der Zeit. Ihr Verhandlungspartner hat sich beispielsweise intensiv auf eine Verhandlung vorbereitet, die auf zwei Stunden terminiert ist. Dann können Sie »leider« erst eine Stunde später kommen und müssen auch noch früher weg, weil ein dringender Termin ansteht. Ihr Verhandlungspartner ist also gezwungen, in einer knappen Stunde eine Vereinbarung herbeizuführen.

Sie bestimmen, wann eine Vertagung sinnvoll ist

Wenn Sie glauben, dass Sie zu einem späterem Zeitpunkt bessere Karten haben, dann ist diese Taktik sehr wirkungsvoll. Eine Begründung für die Vertagung sollten Sie dem Verhandlungspartner aber schon mitgeben. Vielleicht ist ein neues Gutachten eingetroffen, die Presse hat wichtige Informationen nach außen gegeben oder Sie benötigen einen Arbeitskreis. Wenn ich nicht mehr weiter weiß, bilde ich einen Arbeitskreis. Ihrer Fantasie sind hier keine Grenzen gesetzt. Denken Sie bitte daran, dass Sie diese Taktik nicht oft einsetzen dürfen, sonst verspielen Sie das Vertrauen.

Meine Verhandlungstipps:

- Wehren Sie sich von Anfang an gegen eine Reglementierung der Zeit seitens Ihres Verhandlungspartners.
- Sie bestimmen die Zeit, indem Sie durch geschickte Argumentation vorgeben, wie lange ein Thema verhandelt wird, wie die Zeit zu Ihren Gunsten eingeteilt wird und wann eine Vertagung sinnvoll ist.

Strategien und Taktiken können Sie auch im Gericht erlernen. Als unbeteiligter Beobachter haben Sie die Möglichkeit, das Vorgehen der Staatsanwälte und Verteidiger zu analysieren.

Als Zeuge vor Gericht habe ich viele Stunden im Gerichtssaal verbracht. Das Anhören von Vernehmungen und Plädoyers war eine sehr gute Schule für das Erlernen von Verhandlungsstrategien und -taktiken. Auch nach meiner Vernehmung bin ich noch oft im Gerichtssaal geblieben, um mir anzuhören, wie mit meiner Aussage weiter umgegangen wird. Wenn meine Aussage in das Urteil eingeflossen ist, dann war das für mich ein Beweis, dass die Aussage schlüssig und überzeugend war. Interessant waren auch die Strategien der verschiedenen Staatsanwälte und Rechtsanwälte. Nachdem ich oft als Zeuge geladen war und ich meist auf die gleichen Rechtsanwälte traf, habe ich deren Vorgehensweise mehrfach analysieren können. In der Gerichtsverhandlung war deutlich zu sehen, wer die beste Vorarbeit geleistet hatte. Die gut vorbereiteten Anwälte hatten gute Beweise und eine nachvollziehbare Erklärung für die Taten Ihrer Mandanten.

Ein ganz persönlicher Tipp an Sie: Besuchen Sie Gerichtsverhandlungen! Die meisten Verhandlungen in den Gerichten sind öffentlich, das heißt, es darf jeder zuhören. Am Eingang des Gerichts hängt meist eine Übersichtskarte mit den zur Verhandlung stehenden Fällen. Sie können auch den Pförtner nach dieser Übersicht fragen. Die einzelne Gerichtsverhandlung ist dann mit einem Vermerk gekennzeichnet, ob die Straftat hinter verschlossenen Türen oder öffentlich verhandelt wird. Verhandlungen mit Kindern, Jugendlichen und sexuellen Straftaten werden in der Regel unter Ausschluss der Öffentlichkeit verhandelt. Verkehrsstraftaten wie Trunkenheit im Verkehr sind meist eher langweilig. Spannend sind Gewaltdelikte wie Körperverletzung oder alle Fälle mit Drogenhandel, weil hier für beide Seiten sehr viel auf dem Spiel steht und die Strategien sorgfältig geplant sind.

Beobachten Sie während der Verhandlung die Gesprächsführung des Staatsanwalts und der Rechtsanwälte. Achten Sie darauf, wie eine Strategie »aufgebaut« wird, welche und vor allem wann die Argumente geliefert werden.

Beobachten Sie die Taktik von Rechtsanwälten

Sie werden erkennen, wer gut vorbereitet in den Gerichtssaal geht. Analysieren Sie die Beweisführung und versetzen Sie sich dabei in die Person des Richters.

Versetzen Sie sich in die Person des Richters und überlegen Sie, wie Sie entscheiden würden. Welche Strategie, Taktik und welche Argumente waren überzeugend?

Achten Sie darauf, welche Argumente überzeugen und auch, welche nicht überzeugen. Möglicherweise erkennen Sie in der Verhandlungsführung der Anwälte Ihr eigenes Verhandlungsverhalten.

Der Verhandlungstipp für den Grenzbereich:

- Gerichtsverhandlungen sind eine sehr gute, kostenfreie und praxisbezogene Schule für Ihr Verhandlungsgeschick. Nutzen Sie diese Möglichkeit und Sie werden Ihr Verhandlungsverhalten verbessern.

Gesetz 3:

Überzeugen Sie mit den richtigen Argumenten

Es ist ein Beweis hoher Bildung, die größten Dinge auf einfachste Art zu sagen. EMERSON

Nachdem Sie nun mit einer professionellen Strategie und Taktik ausgestattet sind, kann die eigentliche Verhandlungsführung beginnen.

Es stellt sich die Frage, wer mit dem Darstellen seiner Position beginnen soll. Wer hat die meisten Vorteile, derjenige, der beginnt und einen Pflock in die Erde rammt oder der andere, der erst einmal abwartet?

Die Argumentation in der Verhandlung:
- Lassen Sie Ihren Verhandlungspartner zuerst reden.
- Kommunizieren Sie den Nutzen für den Verhandlungspartner.
- Verhandeln Sie über einen Zielbereich statt über den Zielpunkt.
- Nennen Sie so wenig Argumente wie möglich.
- Nennen Sie Ihr stärkstes Argument zuerst.
- Sprechen Sie die Sprache Ihres Verhandlungspartners.
- Überzeugen Sie mit emotionaler Sprache.
- Greifen Sie die Argumentationen des Verhandlungspartners auf.

- Konzentrieren Sie sich auf das schwächste Argument Ihres Verhandlungspartners.
- Heben Sie die Wichtigkeit, nicht die Richtigkeit Ihrer Argumente hervor.
- Sagen Sie nur, was Sie sagen wollten.
- Wenn Sie nichts zu sagen haben – sagen Sie nichts.

Lassen Sie Ihren Verhandlungspartner zuerst reden

Nutzen Sie die erhöhte Stressdosis Ihres Verhandlungspartners zu Beginn der Verhandlung und den Druck, den viele Gesprächspartner haben und lassen Sie ihn als Erstes seine Position darstellen.

Lassen Sie den anderen sprechen, erfahren und analysieren Sie dessen Position und Motive. Sie erhalten dadurch Einblicke in die Denk- und Empfindungsweise Ihres Verhandlungspartners. Wenn Sie diese verändern wollen, dann müssen Sie diese zuerst einmal verstehen.

Setzen Sie Ihren Ehrgeiz daran, als Erster zuzuhören

Ihr Verhandlungspartner beginnt mit der Präsentation seiner Position. Oft ausführlich, manchmal auch sehr ausführlich. Bei fast jeder seiner Positionen wird Ihnen eine Gegenposition einfallen. Und jetzt, darauf habe ich Sie in »Gesetz 1: Analysieren Sie Ihren Verhandlungspartner« schon einmal hingewiesen, spielt unser Gehirn uns einen Streich. Statt weiter den Ausführungen des Verhandlungspartners zuzuhören, schalten wir um. Wir überlegen uns, wie wir diese Position am besten angreifen können. Wir überlegen uns Gegenargumente und formulieren sie in Gedanken aus. Das Problem: Wir überlegen unsere Gegenstrategie, während der andere spricht. Das heißt: Wir hören nicht mehr zu.

Ihr Verhandlungspartner nimmt das bewusst oder unbewusst wahr und denkt sich: »Der hat mich nicht verstanden, jetzt muss ich das noch einmal wiederholen.« Also stellt er erneut seinen Standpunkt dar. Nun kommen Sie vielleicht zu dem Schluss, dass der andere die ganze Zeit spricht und Sie überhaupt nicht zum Reden kommen. Also bringen Sie Ihre Position in die Verhandlung ein.

Lassen Sie Ihren Verhandlungspartner also ausreden und hören Sie ihm dabei zu. Fragen Sie ihn, ob Sie sich bereits jetzt Stichpunkte notieren dürfen. Sie geben Ihrem Verhandlungspartner das Gefühl, dass Sie wirklich interessiert sind. Unterbrechen Sie ihn nicht, auch wenn Sie bereits jetzt Fragen haben. Wenn er mit seiner Präsentation fertig ist, bedanken Sie sich artig und höflich. Das mag vielleicht übertrieben klingen, wird aber sehr selten angewendet. Auch in den so genannten höheren Kreisen wird das Bedanken gerne vergessen.

Folgen Sie der Präsentation aufmerksam

Notieren Sie auch die Reihenfolge der Argumente, die für ihn wichtigsten wird Ihr Verhandlungspartner am Anfang nennen. Wenn er ein Profi ist, wird er seine Position nochmals zusammenfassen und Ihnen den Nutzen kommunizieren.

Fassen Sie im Anschluss seine Argumente zusammen und bitten Sie um Richtigstellung. Mit Formulierungen wie »Damit wir uns sicher sein können, dass ich Sie richtig verstanden habe, fasse ich die Argumente zusammen. Ihnen ist wichtig, dass ...«, können Sie die Zusammenfassung einleiten. Nachdem Sie die Rückmeldung bekommen haben, dass Sie Ihn richtig verstanden haben, können Sie Ihre Position darstellen.

Durch aktives Zuhören demonstrieren Sie Ihre Ernsthaftigkeit und Professionalität. Alle mir bekannten Verhandlungsprofis sind ausgesprochen gute Zuhörer. Sie behalten ihre Meinung so lange wie möglich für sich. Hören Sie deshalb zu und nutzen Sie die Chance, Ihren Verhandlungspartner bereits bei Verhandlungsbeginn zu analysieren und ihm Respekt zu zollen.

Ein Beispiel:
Nehmen wir an, Sie möchten einen Neuwagen verkaufen und haben einen Kunden vor sich sitzen. Soll der Ver-

käufer erst sein Angebot abgeben oder soll der Kunde erst einen Prozentsatz fordern?

Betrachten wir die Gedanken des Verkäufers: Er möchte das Auto verkaufen und hat natürlich die Angst im Nacken, dass der Kunde das Auto auch bei einem anderen Händler kaufen könnte. Er jongliert in seinem Kopf mit den Zahlen auf der Suche nach einem geeigneten Einstandspreis. Steigt er mit einem zu niedrigen Prozentsatz ein, steht der Kunde vielleicht auf und verlässt enttäuscht das Autohaus. Steigt er mit einem zu hohen Prozentsatz ein, verzichtet er freiwillig auf einen Großteil seiner Provision.

Finden Sie heraus, wo Ihr Verhandlungspartner steht, indem Sie ihn zuerst seine Position nennen lassen.

Kommunizieren Sie den Nutzen für den Verhandlungspartner

Ihr Ziel ist es, mit Ihrem Verhandlungspartner zu einer zufriedenstellenden Vereinbarung zu kommen. Die ist nur möglich, wenn Ihr Verhandlungspartner für sein Unternehmen oder seine Person einen Nutzen in der Vereinbarung sieht. Lassen Sie ihn nicht lange nach dem Nutzen suchen, sondern kommunizieren Sie ihm klar und deutlich, weshalb eine bestimmte Lösung für ihn nützlich ist. Unterscheiden Sie dabei klar zwischen Vorteilen und Nutzen. Ein Vorteil ist etwas allgemein gültiges, ein Nutzen ist immer individuell.

Ein Beispiel:

Nehmen wir zur Verdeutlichung ein Erfrischungsgetränk: Coca-Cola. Welchen Vorteil und welchen Nutzen bietet Coca-Cola? Es handelt sich um ein Getränk mit dem Vorteil, dass es Koffein enthält. Ein Vorteil ist immer dann gegeben, wenn sich ein Produkt oder eine Position von anderen Produkten oder Positionen abhebt. Nachdem es sehr wenige Erfrischungsgetränke mit Koffein gibt, unterscheidet sich Coca-Cola hierdurch beispielsweise von einer Limonade. Trinken Sie Coca-Cola? Wenn ja, dann hat Coca-Cola für Sie einen Nutzen. Sie nutzen Coca-Cola, um wieder fit zu werden. Wenn Sie nie Coca-Cola trinken, haben Sie auch keinen Nutzen. Der Vorteil ist also objektiv, für alle sichtbar und der Nutzen ist individuell. Kommunizieren Sie deshalb Ihrem Verhandlungspartner, welchen Vorteil Sie bieten können **und** welchen Nutzen er davon hat.

Bleiben wir bei unserem Beispiel im Autohaus. Der Verkäufer erklärt die Ausstattung des Autos. Er sagt dem Kunden, dass dieses Auto mit ABS ausgestattet ist. Schön, denkt sich der Kunde, Antiblockiersystem ist eine tolle Sache. Er hat einen Vorteil gehört, jedoch noch keinen Nutzen erkannt. Der Nutzen von ABS besteht darin, dass ein Fahrer in gefährlichen Situationen das Auto beherrschen kann und dadurch mit der Familie sicher unterwegs ist. Der Verkäufer müsste also sagen:

»Dieses Auto ist mit ABS ausgestattet, *damit* Sie mit Ihrer Frau und den beiden Kindern sicher unterwegs sind.« Das Wort »damit« ist ein deutlicher Hinweis auf eine Nutzenaussage.

Kunden kaufen nie ein Produkt, sondern immer das Produkt des Produkts, also den Nutzen. Wenn Sie einen neuen Staubsauger kaufen, dann kaufen Sie ihn nicht, weil Sie so gerne Staubsauger kaufen, sondern *damit* Sie besser saugen können. Wenn Sie sich für eine Versicherung für die Altersvorsorge entscheiden, dann möchten Sie keine Versicherungen, sondern Sie schließen die Versicherung ab, *damit* Sie im Alter gut versorgt sind. Wenn Sie sich eine neue Hose kaufen, dann kaufen Sie die nicht, weil Sie noch keine Hose haben, sondern *damit* Sie noch besser angezogen sind.

Mit einem Produkt erwirbt der Käufer immer einen Nutzen

Wenn Sie Ihre Verhandlungsposition darstellen, dann äußern Sie bitte deutlich Ihr Argument und den Nutzen für Ihren Verhandlungspartner, *damit* Ihr Verhandlungspartner weiß, warum eine Vereinbarung für ihn sinnvoll ist.

Verhandeln Sie über einen Zielbereich statt über den Zielpunkt

Wenn Sie bei der Darstellung Ihrer Position bereits den Nutzen des Kunden kommunizieren, kommen Sie nicht in die Gefahr, Positionen zu polarisieren. Eine Polarisierung ist dann gegeben, wenn sich zwei Verhandlungspositionen scheinbar unüberbrückbar gegenüberstehen.

Der Verkäufer im Autohaus will keinen Rabatt geben, der Kunde fordert zehn Prozent Rabatt – zwei Positionen, die sich gegenüberstehen. Wenn jetzt keiner der Verhandlungspartner einlenkt, scheitert die Verhandlung an der Unvereinbarkeit der Positionen. Zwei Verhandlungsamateure werden sich wohl bei fünf Prozent einigen und keiner wird am Ende zufrieden sein.

Vermeiden Sie Polarisierungen

Was könnten die beiden Verhandler tun, damit sie diese Verhandlung mit einer zufrieden stellenden Vereinbarung abschließen? Sie könnten einen größeren Kuchen backen, bevor Sie sich über das Verteilen streiten! Um einen Kuchen backen zu können, werden Zutaten benötigt. Mit den richtigen Zutaten wird ein noch größerer Kuchen entstehen, der dann verteilt werden kann:

Welche Interessen hat der Kunde? – Er wird das Auto drei Jahre nutzen und damit in diesem Zeitraum verschiedene Ausgaben haben. In drei Jahren wird er das Auto dreimal zum Kundendienst bringen, dreimal einen Ersatzwagen brauchen, einen Satz Winterreifen kaufen, eine Hauptuntersuchung machen müssen, ein Navigationsgerät nachrüsten wollen und einen größeren Kindersitz kaufen müssen. Vielleicht möchte er den Gebrauchtwagen in Zahlung geben, das neue Auto finanzieren, in zwei Jahren das allerneueste Modell als Erster fahren etc.

Welche Interessen hat der Verkäufer? – Er möchte das Auto verkaufen. Dazu kann er mit dem Preis runtergehen, er kann Fußmatten verbilligt dazugeben, er kann günstig einen Ersatzwagen anbieten, er kann ein Verkaufserlebnis vermitteln etc.

Nachdem die Verhandlungspartner Ihre Positionen und Motive kennen, kann nun an das Backen und Verteilen des Kuchens gegangen werden.

Achten Sie nicht mehr auf die gegensätzlichen Positionen, sondern konzentrieren Sie sich auf die Gemeinsamkeiten.

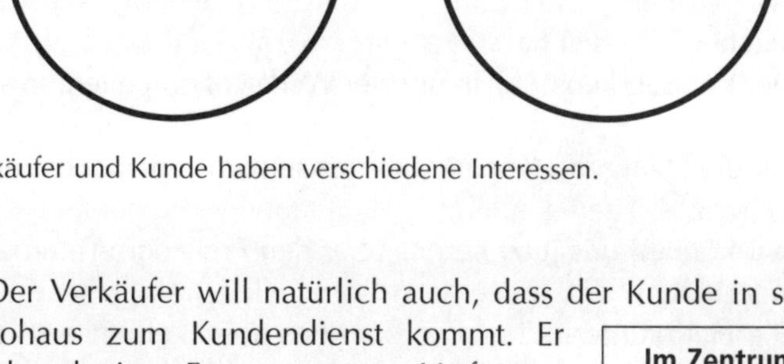

Verkäufer und Kunde haben verschiedene Interessen.

Im Zentrum der Verhandlung sollten Gemeinsamkeiten stehen

Der Verkäufer will natürlich auch, dass der Kunde in sein Autohaus zum Kundendienst kommt. Er wird auch einen Ersatzwagen zur Verfügung stellen. Kundendienst und Ersatzwagen sind für das Autohaus wesentlich günstiger als für den Kunden. Der Kundendienst kostet den Kunden vielleicht 500 Mark, das Autohaus jedoch nur 200

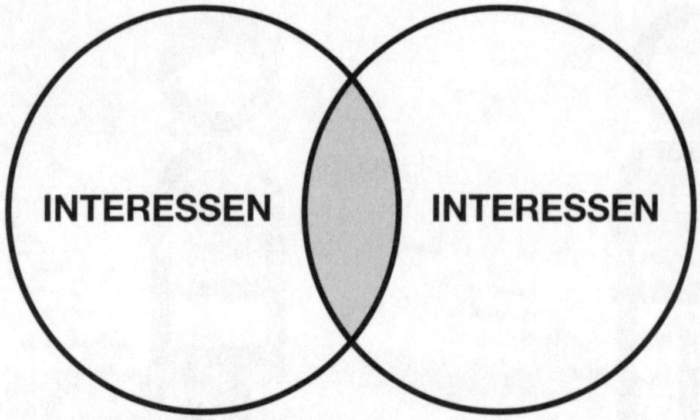

Konzentrieren Sie sich auf die Gemeinsamkeiten.

Mark. Bei drei Kundendiensten müsste er also 1500 Mark bezahlen, das Autohaus hätte nur Kosten von 600 Mark. Diese Überlegungen sind für die spätere Preisdiskussion wichtig.

Die Verhandlung nimmt jetzt konkrete Züge an. Am besten ist es, wenn Sie sich die Gemeinsamkeiten notieren und sich immer wieder die Zustimmung einholen, dass bei diesen Punkten Gemeinsamkeit besteht. Ein guter Autoverkäufer wird also notieren:

- Wir wollen beide ein Geschäft mit einem Neuwagen machen.
- Der Kundendienst soll in unserer Werkstatt durchgeführt werden.
- Für die Dauer des Kundendienstes soll ein Leihwagen bereitstehen.
- Wir können uns jetzt bereits über den Preis der Winterräder unterhalten.
- Die Hauptuntersuchung soll bei uns durchgeführt werden.
- Ein Navigationsgerät soll nachgerüstet werden.
- Ein Kindersitz wird benötigt.

Das sind eine Menge Gemeinsamkeiten, über die jetzt verhandelt werden kann. Die Voraussetzungen sind so natürlich wesentlich besser, als bei den sich gegenüberstehenden Positionen.

Auf diese Weise wurde ein größerer Kuchen gebacken, der anschließend verteilt werden kann. Wenn der Kunde auf den Neuwagen drei Prozent bekommt und zusätzlich einen Kundendienst zum halben Preis, den Leihwagen kostenlos und die Winterräder zum Einkaufspreis, dann hat er ein gutes Geschäft gemacht. Der Kindersitz wird vielleicht von einem Vorführwagen genommen und günstig dazugegeben. Der gebotene Wert kann für den Kunden mehr Wert sein, als die fünf Prozent, zu denen er bei einer Verhandlung um Rabatt abgeschlossen hätte.

Backen Sie einen großen Kuchen

Der Kunde gibt im Gegenzug den Verzicht auf eine sofortige Lieferung und drei Adressen als Empfehlung an. Jetzt haben beide gewonnen, beide haben ein großes Stück des großen Kuchens abbekommen.

Beachten Sie den Grundsatz der Reziprozität

Die Reziprozität kennen Sie vielleicht aus der Mathematik: Reziprok bedeutet wechselseitig aufeinander bezogen. Wenn es um das Verteilen des Kuchens geht, sollten Sie diesen Grundsatz aus zwei Gründen anwenden. Erstens, damit Sie nicht zu viel geben und zweitens, damit Ihr Verhandlungspartner weiß, dass Sie nichts zu verschenken haben.

Wenn der Verkäufer die Forderungen des Kunden erfüllt und beispielsweise fünf Prozent gibt, den ersten Kundendienst dazuschenkt und einen Leihwagen verspricht, *ohne* eine Gegenleistung einzufordern, dann macht er sich unglaubwürdig. Der Kunde hätte das Gefühl, dass in dieser Verhandlung noch viel zu holen ist. Geben Sie so viel Sie möchten, aber nur, wenn Sie dafür etwas bekommen.

Nennen Sie so wenig Argumente wie möglich

Zu den Gesandten aus Samos, die eine lange Rede hielten, sagten die Spartaner: »Den Anfang haben wir vergessen und das Ende nicht verstanden, weil wir den Anfang vergessen hatten.« NACH PLUTARCH

Eine Argumentation dient einzig und allein dazu, den Verhandlungspartner zu überzeugen und nicht zu unterhalten.

In meinen Verhandlungen habe ich oft festgestellt, dass die Verhandler es sichtlich genießen, wenn endlich einmal jemand zuhört. In solchen Situationen wird die Selbstdarstellung der eigenen Person und des eigenen Unternehmens vorangetrieben. Sollten die Verhandlungspartner danach immer noch zuhören, werden die Argumente ausgepackt. Unsortiert, unstrukturiert.

Setzen Sie alles daran, Ihren Verhandlungspartner zu überzeugen

Je schwieriger die Verhandlung, desto präziser muss jedoch die Argumentation sein. Ihr Verhandlungspartner steht vermutlich auch unter einer höheren Stressdosis und ist deshalb in seinem Aufnahmevermögen beschränkt.

Nennen Sie Ihr stärkstes Argument zuerst

Ihre Argumentation sollten Sie wie die Dramaturgie in einem Schauspiel aufbauen. Sprechen Sie den ersten Satz, um die Verhandlung in die von Ihnen gewünschte Richtung zu lenken. Stellen Sie dann Ihre Fragen und warten Sie ab. Jetzt ist die Zeit des Analysierens. Nachdem Ihr Verhandlungspartner seine Position und seine Motive dargestellt hat, legen Sie mit Ihrer Argumentation los. Die Dramaturgie schaffen Sie durch eine bewusste Pausensetzung.

Planen Sie den Ablauf der Verhandlung wie eine Dramaturgie

Bauen Sie durch eine Pause einen Spannungsbogen auf, um dann das erste Argument auf die Bühne zu bringen.

Setzen Sie Pausen

Nennen Sie Ihr stärkstes Argument an erster Stelle, das zweitstärkste Argument am Schluss.

Wie viele Argumente brauchen Sie?

Die wahre Beredsamkeit besteht darin, das zu sagen, was zur Sache gehört, und eben nur das. LA ROCHEFOUCAULD

Die Frage, wie viele Argumente Sie benötigen, hängt natürlich von der Komplexität Ihrer Verhandlung ab. In den meisten Verhandlungen werden aber drei Argumente ausreichen. Drei richtig knackige Argumente sind besser als zehn verschwommene. Schreiben Sie sich in der Vorbereitung alle Argumente auf und gewichten Sie diese. Die drei wichtigsten greifen Sie heraus und bringen Sie in folgende Reihenfolge:

Sortieren Sie Ihre Argumente

1. Das wichtigste Argument
2. Das unwichtigste Argument
3. Das zweitwichtigste Argument

Das erste Argument sollte Ihr stärkstes Argument sein, mit dem Sie einen Pflock in die weitere Verhandlungsführung rammen. Jetzt ist die Aufmerksamkeit am höchsten und Sie können durch dieses Argument den weiteren Verlauf bestimmen.

Konzentrieren Sie sich auf dieses stärkste Argument und bringen Sie es mit Selbstverständlichkeit ein. Sie sollten dieses Argument auch während der Verhandlung immer wiederholen, damit es sich abspeichert wie eine Werbebotschaft.

Mit dieser Taktik reiste einer meiner Kunden in die USA und präsentierte den Nutzen seiner Dienstleistung, es ging um eine Investition in zweistelliger Millionenhöhe. Er brachte das Hauptargument während der Verhandlung immer wieder ein, bis der Partner lächelte und sagte: »OK, ich habe verstanden.« Diese Zustimmung erreichen Sie jedoch nur, wenn Sie das Argument in der Sachaussage beibehalten und immer wieder neu formulieren. Dass Sie dabei nicht als ein Besserwisser auftreten sollten, versteht sich von selbst.

Seit der Antike wissen wir, dass Einleitung und Schluss einer Rede bleibende Eindrücke hinterlassen. Genauso ist es in einer Verhandlung.

Haben Sie gestern Abend die Nachrichten angesehen oder gehört? An welche Nachrichten können Sie sich noch erinnern? Ich wette mit Ihnen, dass es die Nachrichten an der ersten und der letzten Stelle waren. Das ist wohl auch der Grund, warum eine Übersicht der Nachrichten *vor* der Begrüßung kommt und der Wetterbericht abgekoppelt ist. Sonst würden Sie sich nur an die Begrüßung und den Wetterbericht erinnern.

Sprechen Sie die Sprache Ihres Verhandlungspartners

In schwierigen Verhandlungen fühlen sich die meisten unsicher. Unsicherheit wollen wir aber auf gar keinen Fall zeigen. Lieber überdecken wir sie mit einem Rückzug auf unsere Kompetenzen. Kompetenzen zeigen wir am besten dadurch, dass wir uns als Fachmann darstellen, mit Fachbegriffen, Fachphrasen und der Berufung auf Fachkreise.

Bei einer Podiumsdiskussion war ich als Teilnehmer eingeladen. Das Thema weiß ich schon gar nicht mehr genau, das Gesprächsverhalten einzelner Teilnehmer hat sich bei mir aber eingeprägt. Einige Teilnehmer hatten Ihre Argumente mit Fremdwörtern unterstützt. Auf einem kleinen Notizblock habe ich mir die Fremdwörter wie »implizit, Interaktion, Reaktanz ...« notiert.

Bleiben Sie verständlich

Nach ein paar Minuten habe ich dann einen Teilnehmer mit dem Satz »Ihre Interaktion implementiert eine aggressive Reaktanz!« angegriffen. Wie von mir erwartet, hat keiner der Teilnehmer reagiert, die Gespräche sind verstummt. Es hat keiner zugegeben, dass er den Sinn dieses Satzes nicht verstanden hat, er hatte ja auch keinen Sinn.

Genauso kann es Ihrem Verhandlungspartner auch ergehen, er versteht Sie zwar nicht, gibt das aber nicht zu. Er nickt höflich und lehnt eine Einigung ab. Weil Sie ihn nicht überzeugen konnten.

Überzeugen Sie mit emotionaler Sprache

Worte sind des Dichters Waffen. GOETHE

Welche Werbung beeindruckt Sie zurzeit am meisten? Waschpulver, Sportwagen, Zigaretten, Kosmetika – an welchen Werbespot denken Sie gerade? Sie denken an die Werbung, die es geschafft hat, Emotionen in Ihnen zu wecken. Sie lassen sich von der Werbung überzeugen, die Ihre Emotionen anspricht. Und Sie kaufen die Produkte, die Sie überzeugt haben – über die Emotionen.

Sprechen Sie deshalb nicht nur über ZDF – Zahlen, Daten und Fakten – Sprechen Sie über Emotionen und emotionalisieren Sie Ihre Argumente. Sie haben während Ihrer Analyse erfahren, welche Motive Ihr Verhandlungspartner hat. Auf diese sollen Sie reflektieren und sie emotional darstellen.

Wenn Sie beispielsweise ein Unternehmen kaufen möchten und mit dem Inhaber in einer schwierigen Verhandlung stecken, dann kommen Sie allein mit ZDF nicht weiter. Sprechen Sie über sein Unternehmen, seine Leistungen, sein Lebenswerk. Schildern Sie sein Lebenswerk in Bildern und Farben. Und schildern Sie, wie sich sein Lebenswerk in Ihrer Führung weiterentwickeln wird – in Bildern und Farben.

Greifen Sie die Argumentationen des Verhandlungspartners auf

Greifen Sie die Argumentation auf und führen Sie diese weiter. Dadurch geben Sie Ihrem Verhandlungspartner das Gefühl, dass Sie wirklich zuhören und interessiert sind. Verknüpfen Sie die Argumente anschließend mit Ihren Argumenten zu einer gemeinsamen Lösung. Durch geschicktes Verknüpfen können Sie die Wichtigkeit der Argumente steuern und für sich nutzen.

Konzentrieren Sie sich auf das schwächste Argument Ihres Verhandlungspartners

Ungeschickte Verhandler bieten Ihnen eine ganze Reihe von Argumenten an. Neben wirklich guten Argumenten bringen sie auch unwichtige Argumente auf den Tisch. Angenommen, Ihr Verhandlungspartner bringt fünf Argumente in die Verhandlung ein. Das erste ist das beste, das letzte ist wirklich das letzte Argument. Sie greifen nun das letzte Argument auf und konzentrieren sich auf dieses Argument. Ein schwaches Argument können Sie leicht zu Fall bringen, lassen Sie sich jedoch Zeit. Dehnen Sie die Verhandlung gerade über dieses Argument aus, vielleicht sogar so lang, bis die Zeit um ist.

Unternehmen Sie alles, um dieses schlechte Argument als bedeutsam herauszustellen. Sagen Sie Ihrem Verhandlungspartner, was für ein professioneller Verhandler er ist und wie richtig er die Bedeutung dieses Arguments erkannt hat.

Sobald sich alle einig sind, dass gerade dieses Argument bedeutsam ist, sollten Sie es widerlegen. Das Bemerkenswerte daran ist, dass die anderen guten Argumente jetzt unter den Tisch fallen und nicht mehr verhandelt werden. Bei mehrwöchigen Verhandlungen funktioniert diese Methode meist nicht, bei Verhandlungen, zu denen Sie nur einmal zusammentreten, aber sehr gut.

Stellen Sie die Wichtigkeit, nicht die Richtigkeit Ihrer Argumente hervor

Schwerer noch, als nach seiner Überzeugung zu leben, ist es, sie anderen nicht aufzuzwingen. MARCEL PROUST

Sagen Sie Ihrem Verhandlungspartner, warum eines Ihrer Argumente so wichtig auf dem gemeinsamen Weg zu einer zufrieden stellenden Vereinbarung ist. Nicht, weshalb dieses Argument richtig ist – und weshalb Sie Recht haben. Bewerten Sie Ihre Argumente nie selbst als »richtig«, »fair« oder »zielführend«. Die Argumente des Verhandlungspartners könnten im Vergleich als »falsch«, »unfair« oder »hinderlich« erscheinen. Kein Wunder, wenn Ihr Verhandlungspartner eine Blockhaltung einnimmt und gegen Sie arbeitet, statt mit Ihnen eine Vereinbarung zu suchen.

Sagen Sie nur, was Sie sagen wollten

Überlegen Sie sich vor der Verhandlung, was Sie sagen möchten. Und sagen Sie dann auch nur das, was Sie sagen wollten. Ein geschickter Verhandler wird Ihnen das Gefühl geben, dass es das größte Vergnügen ist, Ihnen zu lauschen. Sie werden durch interessierte Fragen und anerkennende Bemerkungen dazu bewogen, doch noch etwas mehr zu erzählen, als Sie vorhatten. Wir können uns gegen Anerkennung kaum wehren und tappen leicht in diese Falle. Dann erzählen wir mehr, als geplant und unser Verhandlungspartner bekommt die Informationen, die er haben wollte.

Wenn Sie nichts zu sagen haben – sagen Sie nichts

Ein geübter Verhandler wird die Pausen in der Argumentation so setzen, dass Sie diese nicht aushalten und von selbst zu reden beginnen. Mit einem netten Gesichtsausdruck und einem leichtem Nicken versucht er Sie in der Pause zum Reden zu bringen. Fallen Sie nicht auf diesen alten Trick rein und bleiben Sie ruhig. Sie reden, wenn Sie es möchten.

Meine Verhandlungstipps:

- Setzen Sie Ihren Ehrgeiz daran, als Erster zuzuhören.
- Lassen Sie Ihren Verhandlungspartner ausreden und hören Sie dabei aktiv zu.
- Notieren Sie die Argumente des Verhandlungspartners.
- Bedanken Sie sich für die Darstellung seiner Position.
- Fassen Sie dann seine Argumente zusammen und bitten Sie um Richtigstellung.
- Kommunizieren Sie den Nutzen für Ihren Verhandlungspartner.
- Suchen Sie nach Gemeinsamkeiten und notieren Sie sich diese.
- Verhandeln Sie über die Gemeinsamkeiten.
- Beachten Sie den Grundsatz der Reziprozität.
- Die Argumentation dient einzig und alleine dazu, Ihren Verhandlungspartner zu überzeugen; nicht zu unterhalten.
- Ihre Argumentation sollten Sie in der Vorbereitung wie die Dramaturgie in einem Schauspiel aufbauen.
- Die drei wichtigsten Argumente greifen Sie heraus und bringen Sie in folgende Reihenfolge:
  1. Das wichtigste Argument
  2. Das unwichtigste Argument
  3. Das zweitwichtigste Argument
- Achten Sie darauf, verständlich zu sein. Flüchten Sie sich nicht in Worthülsen
- Überzeugen Sie durch die emotionale Präsentation Ihrer Argumente.
- Gehen Sie auf die Argumentation des Verhandlungspartners ein.
- **Der Verhandlungstipp für den Grenzbereich:** Stellen Sie Ihre Taktik auf sein schwächstes Argument ab.
- Stellen Sie die Wichtigkeit, nicht die Richtigkeit Ihrer Argumente heraus.

- Denken Sie immer daran: Sie sprechen nur, wenn Sie das möchten und sagen nichts, wenn Sie nichts zu sagen haben.

Gesetz 4:

Übernehmen Sie die Führung in der Verhandlung

Wenn sie wütend sind, dann zählen sie bis zehn, bevor sie sprechen. Wenn sie sehr wütend sind, dann zählen sie bis hundert.

THOMAS JEFFERSON

Der Einfluss von Stress in eine Verhandlung ist von enormer Bedeutung. In diesem Kapitel erfahren Sie die wichtigsten Erkenntnisse über folgende Themen:

- Die Wirkung von Stress auf Ihre Leistungsfähigkeit
- Erkennen Sie den Stress und nutzen sie ihn
- Gehen Sie auf die Tribüne
- Entgehen Sie der Instinkt-Falle
- Wenn Sie angegriffen werden – reagieren Sie nicht
- Arbeiten Sie nicht an der Aktion Ihres Verhandlungspartners, sondern an Ihrer Reaktion
- Übergeben Sie das Problem

Die Wirkung von Stress auf Ihre Leistungsfähigkeit

Schwierige Verhandlungen sind Stress. Alle Verhandlungen, die Sie als schwierig bewerten, führen zu einer erhöhten Stressdosis. In meinen Trainings stelle ich gern die Frage, ob sich eine erhöhte Stressdosis positiv oder negativ auf die Verhandlung auswirkt. Meist behauptet die eine Hälfte der Gruppe, dass Stress negative Folgen habe: Herzklopfen, Hektik, Konzentrationsstörungen. Die andere Hälfte sagt dann genau das Gegenteil, Stress habe positive Folgen: volle Leistungsfähigkeit, Kampfes- und Siegeswille.

Tatsächlich haben beide Gruppen Recht. Stress war für unsere Vorfahren in der Steinzeit eine Unterstützung, um sehr schnell die Kampf- oder Fluchtbereitschaft zu erlangen. Wenn der Steinzeitmensch einen Säbelzahntiger gesehen hat, dann ist der gesamte Stressvorgang in seinem Körper angekurbelt worden: Das Gehirn hat dem Körper »Gefahr« gemeldet, der Körper hat diese Meldung sofort umgesetzt und sich selbst zur Höchstleistung gepuscht. Wenn »Gefahr« gemeldet wird, schlägt das Herz schneller, das Blut fließt schneller in den Adern (roter Kopf), Haut und Hände werden feucht (wegen der Kühlung) und die Muskeln werden angespannt (für den Kampf). All das war eine hervorragende Unterstützung für den kampfesmutigen Steinzeitmenschen.

Mit zunehmender Stressdosis nimmt auch die Leistungsfähigkeit zu. Wenn Sie mit sehr wenig Anspannung in eine Verhandlung gehen, werden Sie nicht Ihre volle Leistungsfähigkeit entfalten können. Erst mit zunehmender Stressdosis kommen Sie an den optimalen Punkt. Diesen Punkt sollten Sie nun halten, und aufpassen, dass Sie ihn nicht überschreiten. Anhand der Grafik können Sie sehen, dass mit zunehmender Stressdosis nach diesem »Höhepunkt« die Leistungsbereitschaft wieder sehr stark abfällt.

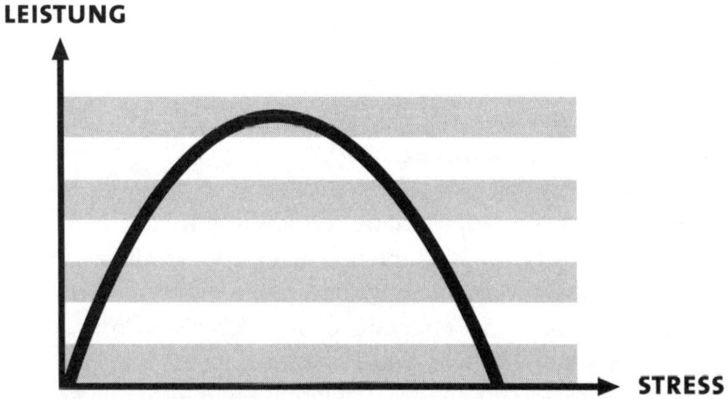

Mit zunehmender Stressdosis steigt auch die Leistungsfähigkeit – jedoch nur bis zu einem bestimmten Punkt. Danach sinkt die Leistungsfähigkeit sehr schnell wieder.

Sie kennen diese Beobachtung wahrscheinlich aus mündlichen Prüfungen. Mit einer gewissen Anspannung betreten Sie den Prüfungsraum, ihr Hände schwitzen, das Herz schlägt schneller. Jetzt wird Ihnen die erste Frage gestellt – und Sie können diese Frage nicht beantworten. Die Stressdosis steigt noch einmal an, damit Sie bei der nächsten Frage die volle Leistungsbereitschaft zur Verfügung haben. Wenn Sie diese Frage wieder nicht beantworten können, kann es sein, dass Sie den »Höhepunkt« bereits überschritten haben und Ihre Leistungskurve abfällt. Die nächste Frage lässt Ihre Stressdosis noch mal ansteigen, jetzt fällt Ihnen nichts mehr ein. Sie wissen, dass Sie die Frage beantworten könnten, haben jedoch keinen Zugriff mehr auf Ihre im Gehirn gespeicherten Daten. Sie können auch diese Frage deshalb nicht beantworten und werden noch nervöser. In diesem Stadium können Sie selbst die leichtesten Fragen nicht mehr beantworten, es ist auch schon vorgekommen, dass Prüflinge in der mündlichen Prüfung den eigenen Namen nicht mehr sagen konnten.

Nach der Prüfung fällt die Anspannung dann von Ihnen

ab und Sie könnten die Fragen von vorher leicht beantworten. Leider zu spät.

Während meiner Zeit bei der Polizei war ich sehr oft einer hohen Stressdosis ausgesetzt.

Die höchste Stressdosis habe ich während einer Nachtschicht bei der uniformierten Polizei abbekommen. Ein gut gekleideter Mann kam in die Wache und grüßte mich freundlich. Er stand ungefähr einen Meter von mir entfernt, zwischen uns war eine Theke, wie sie auch in Hotels zu sehen ist. Ich fragte ihn, wie ich ihm weiterhelfen könne. Er sagte: »Einen Augenblick bitte«, und griff mit der rechten Hand in seine linke innere Manteltasche. Plötzlich hatte er eine Pistole in der Hand und richtete sie auf mein Gesicht. Die Pistole war wenige Zentimeter vor meinem Gesicht, ich konnte direkt in den Lauf blicken.

Mehr weiß ich nicht mehr. Die Stressdosis war zu viel für mich. Ich hatte einen Blackout und bin einfach stehen geblieben. Ich weiß nicht mehr, wie lange ich da gestanden bin. Sekunden, Minuten, ich weiß es nicht. Irgendwann sind meine Kollegen gekommen und haben dem Mann die Pistole abgenommen. Ohne Gewalt, ohne Widerstand, einfach die Pistole weggenommen.

Der Mann war alkoholisiert und hatte einen Streit mit seiner Ehefrau hinter sich. Die Frau hatte ihn aus der gemeinsamen Wohnung rausgeworfen und ihm gesagt, dass er nie mehr heimkommen solle. Da stand er nun ohne Wohnungsschlüssel und ohne Geld und hatte eine Idee: Er brauchte nur was »anzustellen« und dann musste ihn die Polizei einsperren. Mit dieser Logik holte er sich einen Gasrevolver aus seinem Auto und ging zu einer Polizeiwache. Er wusste, wenn er einen Polizeibeamten bedroht, dann wird er mit Sicherheit eingesperrt. Eine ganze Nacht in Haft, ohne Geld, weg von seiner Frau, was will man mehr? So spazierte er in die Polizeiinspektion, zog die Pistole und freute sich, dass er festgenommen wurde.

Da er alkoholisiert war, war ein Haftgrund der präventiven Art gegeben. Er musste zu seiner eigenen Sicherheit in Haft, zur »Ausnüchterung«. Bei einem präventiven Haftgrund kann der Polizeibeamte entscheiden, ob er jemanden in Haft nimmt. Ohne Staatsanwalt oder Richter. Dieser Mann wurde für eine Nacht in die Zelle gesperrt und am nächsten Tag wieder entlassen. Am Morgen war er wieder fast nüchtern und konnte gar nicht fassen, welchen Blödsinn er einige Stunden zuvor geliefert hatte. Er entschuldigte sich bei uns und ging nach Hause.

Ich habe in dieser Nacht am eigenen Körper bemerkt, wie Stress wirken kann. Stress in dieser Dosis hat mich zum Stillstand gebracht, ich konnte weder denken noch handeln. Sie werden hoffentlich nie in so eine Situation kommen.

Erkennen Sie den Stress und nutzen Sie ihn

Achten Sie darauf, wie Stress bei Ihnen wirkt, auch bei einer wesentlich kleineren Dosis.

Stress wird Sie bis zu einem gewissen Grad in höchste Leistungsbereitschaft versetzen. Ab einem gewissen Grad aber wird Stress Sie lähmen.

Beobachten Sie sich unter Stress

Achten Sie darauf, dass Sie bei Ihren Verhandlungen nicht über diesen Punkt hinauskommen – damit Sie immer Herr der Lage sind.

Ein geübter Verhandlungspartner wird Sie vielleicht in eine Stresssituation bringen, um Ihre Reaktion zu testen. Vielleicht auch, um Sie aus der Fassung zu bringen, damit Sie eben nicht mehr Herr der Lage sind und sich zu einer unüberlegten Aussage oder Handlung hinreißen lassen. Lassen Sie sich nicht in diese Falle locken und beachten Sie folgende Punkte:

Stress erkennen: In eine schwierige Verhandlung gehen Sie mit einer erhöhten Stressdosis, weil Ihr Gehirn »Gefahr« gemeldet hat. Das ist ja auch von Vorteil, weil tatsächlich Gefahr für Sie – nach Ihrer Bewertung – droht und deshalb Ihre volle Leistungsbereitschaft gefordert wird. Wie bemerken Sie, dass Sie unter Stress stehen?

Jeder Mensch reagiert in einer Verhandlung anders auf Stress. Reaktionen sind auf der kognitiven Ebene mit Unkonzentriertheit oder Nervosität und auf der emotionalen Ebene mit Angst oder Wut denkbar. Diese Reaktionen bemerkt Ihr Verhandlungspartner aber nicht, Gedanken und Gefühle bleiben ihm verborgen.

Sie reagieren jedoch auch auf einer körpersprachlichen Ebene. Vegetativ-hormonelle Reaktionen wie Schweißausbrüche oder ein roter Kopf zeigen deutlich, dass Sie unter Stress stehen. Muskuläre Reaktionen mit zittrigen Knien und Muskelzuckungen sind dann noch die Steigerung.

Achten Sie bei Ihren Verhandlungen auf diese Stressreaktionen. Beobachten Sie an sich die verschiedenen Reaktionen und machen Sie sich bewusst, an welchen Stellen der Verhandlung Ihre Stressdosis steigt oder fällt. Erst wenn Sie ein Bewusstsein für die eigenen Stressreaktionen haben, können Sie konstruktiv mit diesem Stress umgehen.

Stress nutzen: Stress ist eine hervorragende Unterstützung, um Sie zu höchster Leistungsbereitschaft zu bringen. Freuen Sie sich deshalb, dass Ihr Gehirn diese Verhandlung als wichtig und gefährlich erkannt hat und dass Sie jetzt in voller Leistungsbereitschaft verhandeln.

Diese Leistungsbereitschaft ist nur bis zu einem bestimmten Augenblick von Vorteil, dann wird sie zu einem gravierenden Nachteil. Was tun, wenn Sie das Gefühl haben, den Grenzbereich erreicht zu haben?

Gehen Sie auf die Tribüne

Natürlich meine ich damit nicht eine wirkliche Tribüne, sondern tun Sie es gedanklich. Vergleichen Sie die Verhandlung mit einem Fußballfeld. Wenn Sie auf dem Spielfeld mitspielen, dann laufen Sie, schwitzen und sehen Ihre Mitspieler auf Augenhöhe. Sie werden gefoult und foulen Ihren Gegenspieler. Immer, wenn Ihr Gegenspieler Sie zum Fallen bringt, bringen Sie ihn auch zum Fallen. Wenn der Schiedsrichter das irgendwann sieht, verwarnt er Sie.

Sie ärgern sich und laufen weiter. Sie sehen, wenn Sie angespielt werden. Den großen Spielfluss sehen Sie aus dieser Position allerdings nicht. Sie können unten am Spielfeld nicht sehen, wer gerade frei steht oder welcher Pass jetzt der richtige wäre. Solange Sie selbst mitrennen und mitschwitzen, werden Sie keinen Überblick erhalten. Erst wenn Sie das Spielfeld verlassen und auf die Tribüne gehen, bemerken Sie, was gerade abläuft.

Gehen Sie raus aus der Situation und lassen Sie sich nicht weiter reinziehen. In der stressigen Phase einer Verhandlung helfen

Verlassen Sie die Situation und gehen Sie gedanklich auf die Tribüne.

Ihnen die Stressbewältigungstechniken, wie Autogenes Training oder die Muskelentspannung nach Jacobsen, meist nicht mehr. Sie sind sehr gut für die Vorbereitung von Verhandlungen geeignet, sofern Sie diese Techniken regelmäßig anwenden. In der Stresssituation stecken Sie emotional schon zu sehr im Geschehen, um sich durch den Satz »Ich bin entspannt« wieder herauszuziehen. Ich wende seit Jahren Autogenes Training an, als Vorbereitung ist es eine sehr gute Unterstützung. In der Verhandlung hilft nur eines: Gehen Sie auf die Tribüne!

Stehen Sie auf und gehen Sie einige Schritte. Der Körper hat Sie in höchste Kampfbereitschaft versetzt. Bewegen Sie sich, sonst kann diese Energie sich nicht entfalten und arbeitet gegen Sie. Sagen Sie, dass Sie eine kleine Pause haben möchten. Schlagen Sie vor, sich für einige Minuten zu einer Besprechung zurückzuziehen. Holen Sie Getränke oder zusätzliche Arbeitsunterlagen. Das Wichtigste in dieser Situation: Bewegen Sie sich.

Schaffen Sie sich Pausen, wenn Sie eine brauchen

Entgehen Sie der Instinkt-Falle

Wenn Sie es mit einem sehr unfairen Verhandlungspartner zu tun haben, dann wird er Sie vielleicht in eine Falle locken: die Instinkt-Falle.

Nehmen wir noch einmal das Beispiel mit dem Steinzeitmenschen: Er sieht den Säbelzahntiger und hat jetzt zwei Möglichkeiten: Angriff oder Flucht. Er wird nicht lange abwägen, was für ihn besser ist, sondern er wird sofort – instinktiv – reagieren. Diese Handlung ist nicht von rationalen Überlegungen getragen. Sie ist eine natürliche Reaktion auf die Todesgefahr. Die Reaktion war in der Steinzeit eine lebensnotwendige Unterstützung, um solche Gefahren zu meistern. Heute funktionieren wir noch genauso, leider nicht immer, um die

Der Säbelzahntiger

Gefahren zu meistern. Wenn Ihr Verhandlungspartner diese Abläufe kennt, dann wird er sich in einen »Säbelzahntiger« verwandeln und Sie in eine Situation führen, aus der es kein Entkommen für Sie gibt. Sie können dann nicht mehr abwägen und rational entscheiden. Alles, was Sie dann noch leitet, ist Ihr Instinkt, Sie fliehen aus der Situation oder Sie greifen an.

Wenn Sie angegriffen werden – reagieren Sie nicht

Als Angriffstyp werden Sie angreifen, wenn Ihr Verhandlungspartner Sie angreift. Durch seinen Angriff zwingt er Sie in eine Reaktion, die von Ihren Instinkten gelenkt wird. Sie werden zu einem »Reaktionsautomaten«.

Ein Angriffstyp greift an, wenn er angegriffen wird. Es ist dann keine wohl überlegte Aktion, sondern eine Reaktion.

Jeder Angriff löst in Ihnen Stress aus und lässt den gesamten Stressprozess anlaufen. Wenn Sie den Prozess nicht unterbrechen, wird sich die Stressdosis mit jedem Angriff weiter steigern, so lange, bis Sie im Grenzbereich sind und nicht mehr rational agieren können. Jetzt kommt Ihr Gegenangriff, um es dem anderen zu zeigen – und Sie zerstören die Verhandlung. Sie beleidigen, Sie sind beleidigt, Sie brechen die Verhandlung

Entscheiden Sie sich nie in einer Stresssituation

ab, oder – die schlimmste Konsequenz – Sie entscheiden sich.

Diese Entscheidung wird aber eine Reaktion auf den Angriff sein und nicht zu Ihrem Verhandlungsziel passen.

Ein Manager fragte mich in einem Coaching, wie er seine Ehefrau wieder zurückgewinnen könnte. Sie war mit den Kindern ausgezogen, nachdem er sie mit einer Sekretärin betrogen hatte. Er wollte unbedingt, dass seine Frau zurückkommt, um wieder eine harmonische Ehe mit ihr zu führen. Das war sein Ziel für die Verhandlung mit der Frau.

Als er dann mit ihr sprach, gab ein Wort das andere. Beide waren in Ihren Gefühlen verletzt und griffen den anderen mit Beleidigungen und Vorwürfen an. Der Manager reagierte auf die Vorwürfe und ließ sich zu unvernünftigen – instinktiven – Reaktionen hinreißen. Nachdem ihm seine Frau eröffnete, dass Sie das Sorgerecht für die Kinder haben möchte, ließ er sofort Ihre Konten sperren. Ein Gegenangriff auf einen Angriff, der mit dem Ziel der Verhandlung überhaupt nichts zu tun hatte. Sein Verhalten war nicht durch das Ziel motiviert, sondern durch das Verhalten seiner Verhandlungspartnerin.

Meine Verhandlungstipps:

- Leiten Sie nie einen Gegenangriff ein, wenn Sie angegriffen werden.
- Denken Sie immer an das Ziel der Verhandlung und verhalten Sie sich entsprechend.
- Nachdem Sie die Aktionen Ihres Verhandlungspartners nicht beeinflussen können, sollten Sie auch keine Kraft vergeuden, um sich Manipulationen auszudenken.
- Nehmen Sie nicht Einfluss auf Ihren Verhandlungspartner, sondern nehmen Sie Einfluss auf sich selbst.
- Wenn Sie den Gegenangriff bleiben lassen, geht der Angriff ihres Verhandlungspartners ganz einfach ins Leere.

Neben dem Angriff hatte der Steinzeitmensch immer auch die Möglichkeit zu fliehen. Die Flucht ist das zweite instinktive Verhalten auf eine Stresssituation.

Möglicherweise treffen Sie in dieser Stresssituation eine Entscheidung, damit Sie ihr entkommen können. Sie unterschreiben einen Vertrag, um aus der Situation herauszukommen.

Ein Fluchttyp flieht, wenn er angegriffen wird. Das ist dann aber keine wohl überlegte Aktion, sondern eine Reaktion.

Vermeiden Sie Fluchtreaktionen

Immer wenn Sie fliehen, signalisieren Sie Ihrem Verhandlungspartner, dass er mit seiner Methode richtig lag. Er wird sich bestärkt fühlen und auf dieselbe Weise die nächsten Verhandlungen angehen. Er wird wieder Druck ausüben, um Sie in eine Stresssituation zu zwingen. Vielleicht haben Sie den Kreislauf selbst schon einmal erlebt. Es ist unheimlich schwer, aus dieser Fluchtsituation wieder herauszukommen. Die einzige Möglichkeit auch hier: Gehen Sie auf die Tribüne!

Machen Sie eine Pause und bewegen Sie sich. Lassen Sie sich nicht einschüchtern und zu einer Entscheidung drängen.

Vielleicht sind Sie generell ein Mensch, der gerne flieht. Manchmal ist die Flucht auch das passende Mittel. Wenn Sie mit einer Pistole bedroht werden, dann ist die Flucht eine sehr nachvollziehbare und richtige Reaktion. Wenn Sie in alltäglichen Situationen und Verhandlungen fliehen, werden Sie feststellen, dass sich die Situationen immer wieder gleichen.

Fluchttypen ziehen aus der Wohnung aus, wenn sie Streit

mit dem Nachbarn haben. Fluchttypen lassen sich scheiden, wenn sie Probleme mit dem Ehepartner haben. Sie geben einen Kunden auf, wenn er Probleme macht. Und Fluchttypen kündigen Ihren Job, wenn sie Probleme mit dem Chef oder den Kollegen haben.

In der neuen Wohnung, mit dem neuen Partner, mit neuen Kunden und in der neuen Firma wird es wieder Probleme geben. Wenn Sie ein Fluchttyp sind, dann nehmen Sie sich immer wieder mit.

Sie werden immer wieder eine Ehrenrunde drehen, so lange, bis Sie sich der Situation stellen. Wenn Sie Verhandlungen immer wieder abbrechen, dann beginnen Sie bei jeder neuen Verhandlung wieder von vorne.

Sie nehmen sich immer wieder mit

Wenn sie Ihrem Verhandlungspartner Signale für eine Fluchtbereitschaft senden, werden diese erkannt und sie werden in die Flucht getrieben. Verstehen sie mich bitte richtig: Fluchttypen sind nicht besser oder schlechter als Angriffstypen. Es geht hier auch nicht um gut oder schlecht, es geht um den Umgang mit stressigen Situationen in einer Verhandlung.

Viele glauben, dass sich eine Stresssituation durch Vernunft lösen lässt. Mit dem Appell »Werden Sie doch vernünftig ...« muss der Verhandlungspartner doch zur Vernunft gebracht werden. Vergessen Sie es! Stress und Stressreaktionen laufen nicht im rationalen Bereich ab. Angriff und Flucht sind instinktive Handlungsweisen, die jeder von uns gut kennt.

Wenn ich zu dem Geiselnehmer der Selbstmord-Geiselnahme gesagt hätte: »Jetzt werden Sie doch mal vernünftig!«, wäre er dies mit Sicherheit nicht geworden. Er stand unter solchem Stress, dass er meine Nachricht nicht richtig hätte einschätzen können. Denken Sie bitte noch einmal an das Nachrichtenquadrat. Was steckt in dem Satz »Jetzt werden Sie doch mal vernünftig!«? Auch ohne tiefenpsychologische Kenntnisse werden Sie feststellen, dass die Sachaussage eine Beleidigung darstellt. Jemand *soll* vernünftig werden, also *ist* er es nicht. Sie mit Ihrer Selbstoffenbarung sagen aus, dass Sie hingegen sehr wohl vernünftig sind. Der Appell ist auch deutlich, Ihr Verhandlungspartner soll so vernünftig werden wie Sie es sind. Die Beziehung ist höchst gestört, weil Sie glauben, Sie wüssten mehr als er.

Flucht und Angriff sind normale – weil instinktive – Reaktionen auf eine Stresssituation. Wenn Sie bemerken, dass der Stress in Ihnen hochsteigt, dann lassen Sie sich auf gar keinen Fall zu einer Reaktion hinreißen. Reagieren Sie nicht. Nicht die Aktion Ihres Verhandlungspartners ist das Problem, sondern Ihre Reaktion ist das Problem. Und die können Sie bestimmen. Eine Entscheidung, die in einer Stresssituation getroffen wurde, wird nicht zufrieden stellend und dauerhaft sein. Unter Stress werden Sie das Ziel Ihrer Verhandlung nicht erreichen.

Arbeiten Sie nicht an der Aktion Ihres Verhandlungspartners, sondern an Ihrer Reaktion

Der Gang auf die Tribüne ist der entscheidende Schritt, um den Kreislauf der Stressspirale zu unterbrechen. In der Psychologie wird die Tribüne als **Meta-Ebene** bezeichnet. Auf der Meta-Ebene können Sie in Ruhe die Situation von oben betrachten. Gehen Sie gedanklich in die Rolle eines unabhängigen Kommentators und bewerten Sie die Situation »von oben«. Analysieren Sie Ihre bisherige Vorgehensweise und betrachten Sie dabei genau, an welcher Stelle sich die Verhandlung negativ oder positiv für Sie entwickelt hat. Besonders wichtig ist natürlich, warum die Verhandlung eine für Sie negative Entwicklung genommen hat. Weshalb hat Ihr Verhandlungspartner gerade in diesem Moment Oberwasser bekommen?

Versetzen Sie sich in die Rolle eines unbeteiligten Zuschauers

Nutzen Sie Überraschungsmomente

Wenn Sie auf der Tribüne stehen, haben Sie Gelegenheit, den nächsten Schritt in der Verhandlung zu planen. Überlegen Sie, wie Sie Ihren Verhandlungspartner überraschen können.

Übergeben Sie das Problem

Wenn Ihr Verhandlungspartner die Verhandlung führt und agiert – wenn Sie jedoch immer reagieren, wird die Verhandlung für Sie zum Problem. Immer wenn Sie reagieren, sind Sie sehr leicht einschätzbar und lenkbar. Durchbrechen Sie diesen Kreislauf und überraschen Sie Ihren Verhandlungspartner.

Der Geiselnehmer der Selbstmord-Geiselnahme hatte die Führung der Verhandlung inne, er forderte uns auf, die Wohnung zu verlassen. Diese Forderung verstärkte er mit der Drohung, die Geisel zu erschießen. Gestresst wie wir waren, hatten wir zwei grundsätzliche Möglichkeiten: Angriff oder Flucht. Ein Angriff hätte wahrscheinlich fatale Folgen gehabt. Den Geiselnehmer anzugreifen oder auf ihn zu schießen, hätte unabsehbare Konsequenzen nach sich gezogen. Wir wussten noch nicht, dass die Pistole eine Gaspistole war. Wir hätten einen Schuss auf den Geiselnehmer abgeben können. Wir hätten auch fliehen können, was ihn dann weiter bestärkt hätte, seine Handlung fortzusetzen. Wer weiß, was er nach dem »Selbstmord« und der Geiselnahme noch alles angestellt hätte.

Wir haben stattdessen den Kreislauf unterbrochen, indem wir kurz auf die Tribüne gegangen sind. Natürlich nicht räumlich, aber zumindest gedanklich. Wie konnten wir diesen Kreislauf aus Aktion und Reaktion zu unseren Gunsten durchbrechen? Nach einer kurzen Verschnaufpause sagten wir zu ihm: »Nein, wir gehen nicht!« Mit diesem überraschenden Statement hatte er mit Sicherheit nicht gerechnet. Wir sagten: »Wir tragen die Verantwortung für Sie und die Geisel und können deshalb nicht einfach gehen. Wie wollen wir das gemeinsam lösen?«

Das war die entscheidende Wende in dieser Geiselnahme. Wir hatten durch diese Formulierung wieder die Führung im Gespräch übernommen. Ab jetzt konnten wir wieder agieren, er musste reagieren.

Diese Taktik, das Problem zu »übergeben«, war die von uns bei schwierigen Situationen am häufigsten eingesetzte Gesprächstaktik.

Wichtig für Sie ist, dass Sie mit den beiden beschriebenen Taktiken auch in absolutem Stress noch verhandeln können.

Was mag sich der Geiselnehmer in dieser Situation wohl gedacht haben? Es wird sich eine Denkweise, wie »Was mache ich jetzt?«, in seine Gedanken eingeschlichen haben. Und genau das ist das Ziel bei dieser Taktik. Es geht darum, den Schwarzen Peter zu übergeben und dadurch die Führung wieder zu übernehmen. Jetzt war der Geiselnehmer am Zug und musste sich Gedanken machen. Er hatte das Gefühl, er könne den weiteren Verlauf des Geschehens bestimmen, was natürlich nicht der Fall war. Wir gaben ihm bei dieser Taktik lediglich das Gefühl, dass er am Zug war.

Übergeben Sie den schwarzen Peter

»Wir tragen die Verantwortung für Sie und die Geisel und können deshalb nicht einfach gehen. Wie wollen wir das gemeinsam lösen?« – In diesem Satz steckte eine Begründung für unser Verhalten. Wir haben Verantwortung als Polizeibeamte und können uns nicht davonschleichen. Das ist eine für jeden nachvollziehbare Begründung. »Und können deshalb« ist eine Formulierung, die uns wie Ausführende aussehen lässt. Unser Gegenüber dachte sich vielleicht, die würden ja gerne gehen, aber sie können nicht wegen der Verantwortung. Hier wird beim Verhandlungspartner ein Gefühl der Gleichberechtigung ausgelöst: Die Polizeibeamten machen ja auch nur ihren Job, genauso wie ich meinen Job mache.

Die Formulierung »gemeinsam lösen« zeigte ihm auf, dass es unser gemeinsames Interesse war, aus dieser misslichen Lage wieder herauszukommen. Wir sagten dem Geiselnehmer dabei nicht, wie wir das ganze Dilemma lösen würden, sondern wir fragten *ihn*. So hatte er das Gefühl, mit uns zu entscheiden. Mit uns, nicht gegen uns.

Der Geiselnehmer sagte nach unserem Statement lange nichts. Die Geisel saß auf der Couch und starrte uns an. Er war mit dieser neuen Situation sichtlich überfordert. Jetzt war unsere Chance gekommen, uns als seine Helfer zu präsentieren. Wir sagten: »Bis jetzt ist noch nicht allzu viel passiert. Es gibt noch keine Verletzten und keine Toten. Die Straftaten, die Sie bisher begangen haben, sind noch nicht gravierend. Da kommen Sie wahrscheinlich ohne Gefängnis davon. Wenn Sie jetzt abdrücken oder auf uns schießen, machen Sie sich eines Verbrechens schuldig. Dann müssen Sie für mehrere Jahre ins Gefängnis. Flüchten können Sie eh nicht mehr. Wie wollen wir weitermachen?« Natürlich hatte der Geiselnehmer keine echte Alternative, er lebte aber in dem Glauben, die ganze Situation steuern zu können. Das war der entscheidende Impuls bei dieser Verhandlung: Wir führten das Gespräch und er glaubte, dass er das Gespräch führe.

Hätten wir ihn nicht gefragt, sondern einfach unsere Entscheidung präsentiert, dann hätte er das als Angriff empfunden. Dieser Angriff hätte einen Gegenangriff erzeugt. Nehmen wir an, wir hätten gesagt: »Sie kommen hier nicht mehr raus, das Haus ist umstellt. Geben Sie endlich auf, damit wir Sie festnehmen können!«, hätte dieser Angriff vielleicht eine Trotzreaktion oder eine Kurzschlusshandlung ausgelöst. Auf alle Fälle wäre es ein Angriff gegen uns geworden.

Meine Verhandlungstipps:

- **Der Verhandlungstipp für den Grenzbereich:** Durchbrechen Sie den Kreislauf von Aktion und Reaktion: Gehen Sie auf die Tribüne!
- Bringen Sie Ihr Verhalten unter Kontrolle, nicht das Verhalten des Verhandlungspartners.
- Lassen Sie sich bei einem Angriff nicht zu einem Gegenangriff hinreißen.
- Fliehen Sie nicht aus der Verhandlung, sondern stellen Sie sich ihr.
- Gehen Sie auf die Tribüne und analysieren Sie Ihre Strategie.
- Übergeben Sie das Problem.
- Behalten Sie immer die Führung in der Verhandlung.
- Zeigen Sie Ihrem Verhandlungspartner die Grenzen auf.

Gesetz 5:
Zeigen Sie Ihre Macht

Niemand kann Ihnen ohne Ihre Zustimmung das Gefühl der Minderwertigkeit vermitteln. ELEANOR ROOSEVELT

Eine zufrieden stellende und lang anhaltende Vereinbarung ist nur zwischen zwei gleichberechtigten Verhandlungspartnern möglich. Wenn Sie mit Ihrem Verhandlungspartner nicht auf einer Stufe stehen, werden Sie keinen Erfolg erzielen. Überlegen Sie also bitte: Stehen Sie auf der gleichen Stufe, eine Stufe darüber oder eine Stufe darunter?

Stellen Sie sich auf die gleiche Stufe wie Ihr Verhandlungspartner

Besitzen Sie genug Macht für die Verhandlung?

- Werden Sie sich Ihrer Macht bewusst
- Zeigen Sie Ihre Macht
- Sorgen Sie dafür, dass die Verhandlung nicht scheitern kann

Fühlen Sie sich ohnmächtig, ohne Macht, bei besonders schwierigen Verhandlungspartnern? Strategien und Taktiken für besonders schwierige Verhandlungspartner, für

- unsympathische Personen,
- irrationale Personen,
- arrogante Personen,

- mächtig erscheinende Personen,
- Gruppen und
- Drogenabhängige.

Wenn beide Verhandlungspartner die gleiche Macht haben – also auf einer Stufe stehen – kann die Verhandlung beginnen. Wenn einer der beiden Verhandlungspartner mächtiger ist, dann muss die Macht erst neu verteilt werden.

Werden Sie sich Ihrer Macht bewusst!

Wer die Macht in einer Verhandlung besitzt, wird seine Forderungen auch durchboxen wollen. Wer glaubt, gewinnen zu können, wird nicht von den Forderungen abrücken. Es sei denn, er möchte von dieser Verhandlung ablenken und den Blick auf ein anderes Feld lenken. Wenn Sie sich also wundern, wieso Ihr Verhandlungspartner, obwohl er die Macht hat, seine Forderung nicht durchsetzt, dann sollten Sie misstrauisch werden. Vielleicht verhält er sich besonders naiv; wahrscheinlich ist aber eine andere Taktik im Spiel.

Wer die Macht hat, muss sie nicht unbedingt zeigen. Es reicht, dass er jederzeit darauf zurückgreifen kann. Aus meiner Erfahrung weiß ich, dass Macht eingesetzt wird. Ob sinnvoll oder nicht, wer die Macht hat, wird sie auch nutzen.

Deshalb ist es für Sie enorm wichtig, die Machtverhältnisse zu kennen. Wie beurteilen Sie Ihre eigene Macht und wie beurteilen Sie die Macht Ihres Verhandlungspartners?

Machtverhältnisse sind nur bei Kriegen mit Waffen objektiv messbar: 100 Panzer gegen 80 Panzer. Ansonsten ist die Bewertung von Machtverhältnissen immer subjektiv.

Macht nehmen Sie an Ihrem Verhandlungspartner deutlicher und intensiver wahr als an sich selbst. Deshalb werden Sie Ihre eigene Macht meist unterschätzen, die des Verhandlungspartners werden Sie in der Regel überschätzen.

Sie selbst gestehen ihrem Verhandlungspartner Macht zu. Ihre subjektive Wahrnehmung und die daraus resultierende Einschätzung lassen den anderen als machtvoll erscheinen. Nur wenn Sie Ihrem Verhandlungspartner dann zeigen, dass Sie seine Macht anerkennen, wird sie sich entfalten können.

Es ist deshalb wichtig für Sie, die eigene Macht bewusst wahrzunehmen. Wenn Sie nicht an Ihre Macht glauben, werden Sie sich auch entsprechend verhalten und »machtlos« wirken. Damit haben Sie die denkbar schlechteste Verhandlungsposition. Sie gestehen Ihrem Verhandlungspartner die alleinige Macht zu und er wird sie nutzen.

Überlegen Sie sich deshalb, in welchen Verhandlungspunkten Sie die Macht besitzen. Wenn Sie beispielsweise ein schwieriges Gespräch mit Ihrem Chef vorbereiten, dann werden Sie meist Ihrem Chef mehr Macht zugestehen. Er hat die Macht, Sie besser oder schlechter zu bezahlen, vielleicht auch die Macht, Sie zu feuern. Hat er diese Macht wirklich? Ist Ihr Chef wirklich Ihr Arbeit-Geber oder ist er »nur« Abteilungsleiter.

Welche Macht besitzen Sie? Welchen Einfluss hätte Ihre Kündigung auf den Umsatz der Firma, das Betriebsklima, die anderen Mitarbeiter? Machen Sie sich diese Macht bewusst und zeigen Sie diese Macht nach außen. Sie müssen sich ja nicht auf einem Schild von Ihren Mitarbeitern zum Chef tragen lassen, aber ein selbstbewusstes Auftreten sollten Sie schon an den Tag legen.

Wenn Sie selbst in einer Führungsposition sind, dann sollten Sie die Machtverhältnisse mindestens genauso gut analysieren. Können Sie es sich wirklich leisten, so machtvoll aufzutreten?

Wenn Sie auf der gleichen Stufe stehen, kann die Verhandlung beginnen. Sollten Sie eine Stufe darüber stehen, dann sollten Sie schnell herunterkommen. Wenn Sie oben stehen bleiben, kann wegen des Ungleichgewichts keine zufrieden stellende Vereinbarung zustande kommen. Das ist alles noch leicht verständlich und auch leicht umsetzbar. Was aber, wenn Sie eine Stufe unter Ihrem Verhandlungspartner stehen? Was, wenn Sie das Gefühl haben, Ihr Verhandlungspartner blickt auf Sie herab, weil er die besseren Karten hat? Das Gefühl ist wieder subjektiv, Sie allein entscheiden, wie das Kräfteverhältnis zwischen Ihnen und Ihrem Verhandlungspartner aussieht.

Ein Ungleichgewicht ist immer dann gegeben, wenn Ihr Verhandlungspartner Sie nicht ernst nimmt. Das ist leicht daran zu erkennen, dass er die Vereinbarungen nicht einhält. Ein Ungleichgewicht ist eine der größten Gefahren für die Verhandlung, weil Ihr Verhandlungspartner in dem Glauben ist, er könnte auch ohne Sie sehr gut leben. Er ist davon überzeugt, ohne Ihre Mithilfe zum Erfolg zu kommen. Der Glaube, gewinnen zu können, führt zu einem arroganten Auftreten und einem feindseligen Verhandlungsstil.
Dieser Gefahr erliegen Ehepartner, Vorgesetzte und Politiker gleichermaßen, wenn sie nicht rechtzeitig gewarnt werden. Sie werden dann zu uneinsichtigen und unvorsichtigen Verhandlungspartnern.

Wer sich mächtig fühlt, wird diese Macht auch nutzen.

Während des Krieges auf dem Balkan lebten die Serben in dem Glauben, gewinnen zu können. Durch die militärische Überlegenheit zwangen sie die benachbarten Volksgruppen in die Knie. Die Serbenführer Milosevic und Karadzic standen ganz oben auf der Treppe und sahen voller Arroganz auf die unten stehenden Kriegsgegner. Deren Appelle zu einem Waffenstillstand nahmen sie nicht an. Um die internationale Politik nicht komplett zu enttäuschen, nahmen die Serben an einigen Verhandlungen teil. Sie unterzeichneten Vereinbarungen über Vereinbarungen und hielten doch keine einzige ein. Manche Waffenstillstandsabkommen hielten nicht einmal vier Stunden. Dann wurde wieder geschossen, getötet, vertrieben und – verhandelt. Die Verhandlungen wurden bald nicht mehr ernst genommen, jedoch mit immer neuen Vermittlern wieder aufgenommen. Die jugoslawische Führung wusste ja, dass nichts Ernsthaftes passiert, solange verhandelt wird. Die Zeit verging und die Serben nutzten sie für Eroberungen. Vielleicht können Sie sich noch an die Auftritte von Karadzic in Genf erinnern, bei denen er vollmundig erklärte, sein Land wolle den Frieden.

Die Appelle der Vermittler wurden nicht angenommen. Warum auch, die Führung der Serben lebte im Glauben, gewinnen zu können.

Erst als Kroatien mithilfe der USA aufgerüstet worden war, wurden die Verhandlungen wieder interessant. Durch das Aufrüsten wurden die Kriegsparteien wieder auf die gleiche Stufe gestellt. Zwar lebten die Serben noch immer in dem Glauben, den Krieg gewinnen zu können. Jetzt wurde ihnen aber militärisch gezeigt, dass dies nicht der Fall sein würde.

Die Europäische Union verfügte damals noch nicht über eine einheitliche Außenpolitik. So durfte sich jeder Vermittler an der Verhandlung versuchen. Und doch war jede Verhandlung von vornherein zum Scheitern verurteilt, weil kein Gleichgewicht der Kräfte gegeben war. Erst als die USA das Gleichgewicht wieder hergestellt hatten, war eine sinnvolle Verhandlung möglich.

Beispiele aus der Geschichte gibt es genug. Hitler hatte seine Verhandlungspartner mit dem Willen zum Frieden genauso getäuscht. Nach außen kommunizierte er, dass Deutschland den Frieden wolle. Das wurde natürlich gerne gehört, weil sich Europa gerade von einem Krieg erholt hatte und um jeden Preis einen neuen vermeiden wollte.

Arthur Neville Chamberlain führte als Verhandlungsführer der Westmächte die Verhandlungen mit Hitler. Er glaubte Hitler seine Absichten und ließ ihn gewähren. Der weitere Verlauf ist bekannt. Die Regierungschefs appellierten an Hitler, friedlich zu sein. Aber warum hätte Hitler denn einlenken sollen? Er lebte in dem Glauben, gewinnen zu können. Chamberlain führte die wichtigste Verhandlung des letzten Jahrhunderts. Und er verlor sie.

Zeigen Sie Ihre Macht!

Immer wenn Ihr Verhandlungspartner in dem Glauben lebt, er könne gewinnen, dann müssen Sie ihm zeigen, dass er nicht ohne Sie gewinnen wird. Da Sie ihn nicht von seiner Stufe herunterholen können, müssen Sie zu ihm aufsteigen.

Ein Sieg des Verhandlungspartners ist ohne Sie nicht möglich

Wenn sich ein Ehepaar trennt, kommt es oft zu folgender Situation: Einer der Ehepartner, nehmen wir als Beispiel den Mann, ist frisch verliebt und lebt in dem Glauben, gewinnen zu können. Er erhebt Ansprüche auf die Kinder, das Haus und das Geld. Wenn die Ehefrau mit ihm verhandeln möchte, dann kommt er nicht wie vereinbart zu den Verhandlungen. Wenn er doch einmal an einer Verhandlung mit der Ehefrau teilnimmt, dann begutachtet er sie mitleidig und äußert sich herablassend über sie. Die Frau bittet ihn, doch vernünftig zu werden. Er reagiert nicht, weil er in dem Glauben lebt, gewinnen zu können.

Dann zieht die Frau mit den Kindern aus und schaltet einen Anwalt ein. Dieser schreibt dem Ehemann einen Brief, in dem er ihn auf die bevorstehenden Zahlungen hinweist. Er vermerkt, dass bei einer Ablehnung der Zahlungen sofort das Gericht aufgesucht werden wird. Das Gericht wird dann Gehaltspfändungen durchsetzen, von denen natürlich auch der Arbeitgeber des Mannes erfahren wird. Jetzt erst reagiert der Ehemann und nimmt die Verhandlungen auf. Vielleicht um sich zu versöhnen, vielleicht um einen Ehekrieg zu führen.

Die Frau hatte es durch ihre Appelle nicht geschafft, Ihren Mann von seiner Stufe herunterzuholen. Durch die Hinzuziehung eines Rechtsanwalts ist sie zu seiner Stufe aufgestiegen. Das Kräfteverhältnis ist wieder ausgeglichen, jetzt kann verhandelt werden.

Folgende Fragen können Sie sich in der Vorbereitung überlegen:

- Was könnte ich tun, damit das Kräfteverhältnis ausgeglichen wird?
- Was werde ich wirklich tun, damit das Kräfteverhältnis ausgeglichen wird?
- Warum werde ich das tun?
- Was könnte mein Verhandlungspartner tun, damit das Kräfteverhältnis ausgeglichen bleibt?

Sorgen Sie dafür, dass die Verhandlung nicht scheitern kann!

Bei all der Vorbereitung sollten Sie in einer konstruktiven Stimmung an die Beantwortung der Fragen herangehen.

Sobald Sie sich gedanklich mit einem Scheitern befassen, reagiert Ihr Unterbewusstsein auf diese Überlegung. Das heißt, das Wort »Scheitern« wird auf Ihre gedankliche Festplatte gebrannt und bestimmt fortan Ihr Denken.

Behalten Sie den Erfolg der Verhandlung im Auge

Wahrscheinlich kennen Sie das Beispiel mit dem gelben Elefanten. Wenn Ihnen jemand verbietet, an einen kleinen gelben Elefanten beim Schlittschuhlaufen zu denken, dann sehen Sie einen kleinen gelben Elefanten beim Schlittschuhlaufen vor sich. Obwohl Sie doch nicht daran denken sollten. Sie wollen nicht daran denken und denken eben doch daran.

Denken Sie daran, was zu tun ist, damit die Verhandlung nicht scheitert.

Dieses Phänomen setzt der Verhandlungsführer der Polizei in dem Thriller »Schule des Schweigens« ein. Die Geiselnehmer haben in diesem Film einen Schulbus mit taubstummen Kindern entführt und fordern Lösegeld. Der Verhandlungsführer nimmt die Verhandlung auf und erzählt den Geiselnehmern einen Witz, in dem das Wort »aufgeben« vorkommt. Durch das Wort »aufgeben« wird der Gedankenprozess der Geiselnehmer in Gang gesetzt. »Aufgeben« wird abgespeichert und bestimmt jetzt auch deren Denkweise. Nicht bewusst, aber unbewusst.

Dieses Phänomen wurde auch bei der Apollo-13-Raumfahrt beobachtet. Das Raumschiff geriet während der Mondumkreisung außer Kontrolle und konnte nicht mehr gesteuert werden. Apollo 13 war mit drei Astronauten besetzt, die natürlich alles versuchten, das Raumschiff wieder manövrierfähig zu machen. Nach vielen Stunden spannender Arbeit sah es so aus, als ob das Raumschiff nicht mehr gerettet werden könnte.

Die Hilferufe der Astronauten wurden von der Bodenstation empfangen. Dabei führte die Sorge um die Astronauten zu einer allgemeinen Frustration. Die Mitarbeiter unterhielten sich, welche Folgen das Scheitern der Apollo-13-Mission haben werde. Sie dachten, dass das Raumfahrtprojekt wohl vom Senat gestrichen werde. Sie sagten, dass die meisten Mitarbeiter vermutlich entlassen würden. Arbeitslosigkeit bedeutete für die meisten, dass Sie aus den jetzigen Wohnungen ausziehen müssten. Je länger die Krise dauerte, desto frustrierter liefen die Mitarbeiter durch die Gänge. Sie dachten nicht mehr an das Schicksal der Astronauten, sondern an die Folgen der Streichung der Raumfahrtmittel. Und das, obwohl das Raumschiff noch um den Mond kreiste.

Der Chef der Bodenstation rief daraufhin alle Mitarbeiter zu einer Besprechung zusammen. Als sie im großen Kontrollraum saßen, sagte der Chef nur einen Satz: »A fail is not an option.« – »Ein Misserfolg kommt nicht infrage.«, war ab jetzt in den Köpfen gespeichert. Die Mitarbeiter überlegten, nachdem ein Misserfolg nicht mehr infrage kam, was sie alles für den Erfolg der Mission tun könnten. Die neue Motivation führte zu einem Abbau der Frustration. Alle gingen mit neuer Begeisterung an die

Arbeit. Das Ende ist bekannt, Apollo 13 kam dann doch noch unversehrt zur Erde zurück.

Denken Sie also bitte nicht an das Scheitern einer Verhandlung, sondern denken Sie daran, was Sie alles für den Erfolg der Verhandlung tun können.

Mit der Einstellung, dass ich die Verhandlung auf alle Fälle zu einem zufrieden stellenden Ergebnis bringe, gehe ich anders an die Gesprächsführung heran als mit einer Einstellung wie »Mal gucken, ob das was wird«. Ich werde hochkonzentriert und zielorientiert das Gespräch führen und meinen Verhandlungspartner auch spüren lassen, dass ich unbedingt eine Vereinbarung erreichen will. Wenn Sie mit dieser Einstellung an eine Verhandlung herangehen, wird Ihr Verhandlungspartner das auch spüren. Er wird es aber auch bemerken, wenn Sie »nur mal gucken« wollen.

Verhandeln Sie hochkonzentriert und zielorientiert

Bei meinen Firmentrainings bin ich sehr erstaunt, mit welch lascher Einstellung viele Verkäufer und Berater als Verhandler zum Kunden gehen. Da sind Sprüche gekommen wie »Na ja, einer wird schon was kaufen« oder »Verkaufen ist ein Zahlenspiel – ich muss nur genug ansprechen, dann ist schon einer dabei.« Ich habe auch Verhandler kennen gelernt, die mit dem Ziel des unbedingten Erfolgs in die Verhandlung gingen. Nicht um des Sieges oder des Aufzwingens einer Vereinbarung willen. Sondern mit dem Willen, eine zufrieden stellende Vereinbarung zu erreichen. Mit Sicherheit merkt Ihr Verhandlungspartner, ob Sie »nur mal gucken« wollen oder ob Sie es ernst mit ihm meinen. Wenn Sie sich nicht sicher sind, ob Sie die Verhandlung wirklich zu einer guten Vereinbarung bringen möchten, wenn Sie »nur mal gucken« wollen, dann lassen Sie es besser bleiben. Wenn Sie sich aber sicher sind, dass Sie den Verhandlungspartner für sich gewinnen möchten, dann bitte mit voller Konzentration und Energie.

Meine Verhandlungstipps:

- Eine zufrieden stellende Vereinbarung ist nur bei gleichberechtigten Partner möglich.
- Wenn Ihr Verhandlungspartner auf einer höheren Stufe steht, dann steigen Sie zu ihm auf oder holen Sie ihn eine Stufe tiefer.
- Denken Sie an den Erfolg.
- Stellen Sie ein Gleichgewicht der Macht her.

Fühlen Sie sich ohnmächtig, ohne Macht, wenn Sie es mit besonders schwierigen Personen zu tun haben? Das kann daran liegen, dass Ihnen der Verhandlungspartner unsympathisch oder arrogant erscheint. Vielleicht können Sie Ihn schwer einschätzen, vielleicht muss er sich in seiner Gruppe behaupten. Nachfolgend finden Sie Strategien und Taktiken für die Verhandlung mit:

- unsympathischen Personen,
- irrationalen Personen,
- arroganten Personen,
- mächtig erscheinenden Personen,
- Gruppen und
- Drogenabhängigen.

Verhandlungen mit unsympathischen Personen

Ist eine Verhandlung für Sie schwierig, weil Sie es mit einem unsympathischen Verhandlungspartner zu tun haben? Wenn ja, dann sollten Sie sich die Frage stellen, warum Sie diese Person als schwierig einschätzen.

Ihr Eindruck von einem Menschen ist nicht unbedingt zutreffend

Wenn wir das erste Mal mit einem fremden Menschen zusammenkommen, machen wir uns sehr schnell ein Bild von ihm, das über unsere tatsächlichen Beobachtungen weit hinausgeht.

Wir haben einen ersten Eindruck von ihm gewonnen, der meist ohne Widerspruch, aber vielfach auch falsch ist. Wir bewerten innerhalb der ersten sieben Sekunden, ob wir unseren Verhandlungspartner als eher sympathisch oder eher unsympathisch einstufen. Das ist wohl noch eine Reaktion, die wir von unseren Vorfahren in der Steinzeit übernommen haben.

Ein Steinzeitmensch musste in der Lage sein, eine neue Bekanntschaft sehr schnell in »gefährlich« oder »ungefährlich« einzustufen. Bei einem als »gefährlich« bewerteten Gegenüber ließ er höchste Vorsicht walten, er hielt seine Waffen griffbereit und war stets misstrauisch. Kommt Ihnen dieses Verhaltensmuster bekannt vor?

Wenn Sie einen Menschen kennen lernen, nehmen Sie die gleiche Einstufung vor. Wenn Sie einen Menschen als eher unsympathisch bewerten, lassen Sie höchste Vorsicht walten, halten Ihre »Waffen« griffbereit und sind stets misstrauisch. Dieses Einordnen in »Schubladen« ist eine natürliche Reaktion, wir können uns kaum dagegen wehren. Leider kann dieses Kategorisieren für Sie auch nachteilig werden. Im »Gesetz 4: Übernehmen Sie die Führung in der Verhandlung« habe ich den Vorfall geschildert, als ich während einer Nachtschicht selbst eine Geisel war.

Wichtig ist für Sie die Erkenntnis, dass jedes Einordnen in vorgefasste Kategorien subjektiven Ursprungs ist. Immer, wenn Sie Ihren Verhandlungspartner in eine Schublade einordnen, denken Sie bitte daran, dass dies eine subjektive Bewertung ist.

Meine Verhandlungstipps:

- Überlegen Sie, warum Ihr Verhandlungspartner für Sie schwierig ist. Er ist nicht objektiv schwierig, sondern in Ihrer Gedankenwelt ist er schwierig.
- Machen Sie sich die Mühe und bewerten Sie einen schwierigen Verhandlungspartner nochmals neu, indem Sie sich überlegen, was an diesem Menschen *sympathisch und vertrauensvoll* ist.

Dieser Neubewertung steht aber eine Hürde im Weg: die Bestätigung des ersten Eindrucks.

Während meiner Zeit als Drogenfahnder hatte ich mir ein Raster für das schnelle Einschätzen von Drogendealern zurechtgelegt. Ich habe durch Berichte von meinen Kollegen und erste eigene Kontakte gelernt, dass der Drogendealer an sich eher schmuddelig, langhaarig und mit einem alten ungepflegten Mercedes daherkommt. Also habe ich meine Fahndung auf eher schmuddelige, langhaarige Männer mit einem ungepflegten Mercedes fixiert.

Während einer langen Nachtschicht ist Folgendes passiert: Gegen 20 Uhr kontrollierte ich einen ungepflegten Mercedes mit einem schmuddeligen Fahrer und überprüfte ihn auf Drogenkontakte. Bei diesen Kontrollen werden die Personalien des Fahrzeugführers und die Daten des Fahrzeugs an die Einsatzzentrale weitergegeben und mit aktuellen Fahndungsdaten abgeglichen. Außerdem werden Aussagen von anderen Drogendealern herangezogen. Wenn beispielsweise ein Drogendealer vor Gericht ausgesagt hatte, dass er von einem Mann mit ungepflegtem Mercedes (natürlich mit detaillierter Personenbeschreibung) Drogen gekauft hatte, dann konnte diese Personenbeschreibung als Rechtsgrundlage für eine Durchsuchung der Person oder des Fahrzeugs dienen.

Die erste Kontrolle ergab, dass der Fahrer noch keinerlei polizeilich registrierten Kontakt zu Drogen hatte. Statt die Richtigkeit meiner Einschätzung jetzt zu überprüfen, stürzte ich mich gleich auf die nächste Kontrolle. Wieder ein eher schmuddeliger Mann mit ungepflegtem Mercedes. Wieder das gleiche Spiel, wieder »kein Eintrag« wie es im Polizeijargon heißt.

Und jetzt passiert in unserem Gehirn ein äußerst interessantes Phänomen: Eigentlich hätte ich überprüfen müssen, ob ich wirklich das richtige Raster anwende. Ich hätte analysieren müssen, ob meine Einschätzung der äußeren Erscheinung von Drogendealern noch richtig war. Stattdessen lehnte ich eine Überprüfung ab und verdrängte die Tatsache, dass meine Einschätzung nicht bestätigt worden war. Die dritte und vierte Kontrolle verlief ähnlich, die von mir ausgesuchten Personen hatten keinerlei registrierten Drogenkontakt. Jetzt rechtfertigte ich bereits meine Entscheidung gegenüber meinem Kollegen mit Sätzen wie: »Der wurde halt noch nie erwischt (in Wirklichkeit ist er natürlich ein Drogendealer)« oder »Heute hat der eben nichts dabei«.

Die fünfte Kontrolle war dann ein Treffer. Der Fahrer war bereits wegen Drogendelikten vorbestraft. Bei der anschließenden Durchsuchung fanden wir auch »Shit« für eine »Trompete«, also Haschisch für eine Haschischzigarette. Jetzt war ich wieder ganz der Schlaue, weil meine Einschätzung von Drogendealern eben doch richtig war. Sätze, wie »Ich hab es doch gleich gewusst«, rechtfertigten meine ursprüngliche Einschätzung von eher schmuddeligen, langhaarigen Männern mit einem ungepflegten Mercedes. Sie wurde in meinem Gehirn als »richtig« abgespeichert.

Die nächste Nachtschicht visierte ich dann wieder die gleichen »Verdächtigen« an, weil die Richtigkeit meiner Einschätzung jetzt bewiesen war.

Heute weiß ich, dass diese Bewertung subjektiv und die »Richtigkeit« nur in meiner eigenen, von mir bestimmten, Gedankenwelt gegeben war.

Es gibt keine *wirkliche* Wirklichkeit, es gibt Ihre Wirklichkeit und es gibt meine Wirklichkeit. In Ihrer Wirklichkeit bewerten Sie Menschen nach Ihren subjektiven Gesichtspunkten.

Angenommen, Sie bekommen einen neuen Mitarbeiter. Dieser Mitarbeiter erscheint am ersten Tag mit einem ausgewaschenen Pullover. In Ihrer Bewertung ist ein ausgewaschener Pullover die falsche Kleidung für den ersten Arbeitstag und Sie haben einen eher ungepflegten Eindruck von ihm.

Der so genannte *Halo-Effekt* sorgt nun dafür, dass Ihre Wahrnehmung die Eigenschaften des Mitarbeiters überstrahlt. E. L. Thorndike übernahm 1920 den Begriff des Halo-Effekts aus der Astronomie – der Mond überstrahlt seine Umgebung – und führte ihn in die Psychologie ein.

Der Halo-Effekt

Sie verbinden in Ihrem Gehirn vielleicht ungepflegt mit unzuverlässig. Ist Ihnen jemand zum Beispiel sofort sympathisch, empfinden Sie ihn auch als intelligent, hilfsbereit und ehrlich. Bei einem unsympathischen Menschen gilt das Gegenteil. Mit der Bewertung »unzuverlässig« betrachten Sie nun die Arbeitsweise des neuen Mitarbeiters. Wenn er am ersten Arbeitstag sehr zuverlässig arbeitet, dann wird Ihre Bewertung aufrechterhalten, indem Sie vielleicht denken: »Am ersten Tag ist jeder zuverlässig, mal abwarten.«

Bei einer weiterhin zuverlässigen Arbeit des neuen Mitarbeiters werden Sie sich eventuell denken: »Der muss den Job ja ganz schön nötig haben, wie der sich reinhängt.« Wenn der Mitarbeiter dann am fünften Arbeitstag eine Aufgabe verspätet abgibt, freuen Sie sich: »Ich habe es doch gleich gewusst!«

Ihre ursprüngliche Bewertung wurde bestätigt und Sie haben Recht. Sie können »ausgewaschener Pulli« mit allen anderen Wahrnehmungen austauschen. Ohrringe oder weiße Socken bei Männern, Miniröcke bei Frauen, auffällige Autos oder klobiger Schmuck. Sie entscheiden, welche Eigenschaften Sie welchen Personen zuschreiben.

Eine Ihnen unsympathische Person ist also das Resultat Ihrer Gedankenwelt. Sie ist unsympathisch, weil *Sie* die Person als unsympathisch bewerten. Das Gleiche gilt für schwierige Verhandlungspartner.

Sie sollten sich dieser subjektiven Einschätzung bewusst sein, damit Sie mit jedem Verhandlungspartner konstruktiv umgehen können.

Verhandlungen mit irrationalen Personen

Einer der häufigsten Fehler im Umgang mit schwierigen Menschen ist, sie als irrational zu bezeichnen. Was bedeutet irrational?

»Mein Chef ist verrückt.« – »Mit meiner Frau kann man nicht reden.« – »Mit dem neuen Kollegen kommt keiner zurecht.« Oder wie in meinem Fall: »Mit Geiselnehmern kann man nicht verhandeln, das sind Verrückte.« Dies wird zu einem Vorwand, sich nicht darum zu kümmern, was in den Köpfen anderer Menschen vorgeht.

Alles, was Sie bewerten, bewerten Sie nach *Ihren* Kriterien. Irrational heißt also, was Sie nach Ihren subjektiven Kriterien als irrational bewerten. Wenn Sie sagen, jemand sei irrational, dann ist das einzig und allein Ihr Urteil über einen Menschen – gemessen an Ihren subjektiven Kriterien.

Welche Bewertung legen sie zugrunde, wenn Sie Ihren Chef als «verrückt« bezeichnen? Mit welchen Kriterien messen sie, wenn sie ihren Kunden als »schwierig« bezeichnen? Es gibt für *Sie* schwierige Verhandlungspartner, die *Sie* nach *Ihren* Kriterien als schwierig bewerten. Gemessen an Ihren Kriterien, mag das Verhalten des Verhandlungspartners irrational sein, aber wie ist es, wenn Sie einmal dessen Werte in Betracht ziehen?

Meine Verhandlungstipps:

- Machen Sie sich bewusst, dass die Einteilung »irrational« Ihrer subjektiven Gedankenwelt entspringt.
- Denken Sie sich in den Verhandlungspartner hinein und sehen Sie die Verhandlung mit dessen Werten.

Verhandeln mit arroganten Personen

Auch in diesem Fall sollten Sie sich die Frage stellen, wieso Sie diese Person als arrogant einstufen. Arroganz kann eine übertriebene Selbsteinschätzung oder ein Schutzmechanismus aufgrund eines sehr geringen Selbstwertgefühls sein. In beiden Fällen werden Sie an diese Person nicht »rankommen«, die Arroganz hält Sie wie ein unsichtbares Schutzschild ab. Gerade Führungskräfte neigen manchmal zu einer arroganten Haltung gegenüber anderen Personen. Ein Topmanager, der nicht genannt werden will, sagt: »Die Managerkrankheit Nummer 1 ist eine übertriebene Selbstdarstellung und realitätsfernes Selbstbewusstsein.« Viele Manager verstehen sich als »Auserwählte« oder »Lichtgestalten«. Erfolg in der Unternehmensführung, schmeichelnde Mitarbeiter und die Aufmerksamkeit der Presse steigen manchem Manager zu Kopf und er verliert die Bodenhaftung. Da wird dann über »Peanuts« oder »das war keine Fusion, das war eine Übernahme« gesprochen. Natürlich ist es schwierig mit einem selbstherrlichem und selbstverliebtem Menschen zu verhandeln.

Andererseits ist das auch die große Chance, Sie wissen ja, worauf es diesen Personen ankommt. Den Drang nach Anerkennung und Lob können Sie während der Verhandlung gut erfüllen, indem Sie seine Leistungen immer wieder ausdrücklich betonen und anerkennen.

Jede arrogante Person verhält sich anders, auch in diesem Fall kann es keine allgemein gültige Vorgehensweise geben. Das ehrliche Anerkennen der Leistung ist eine Taktik, die Sie jederzeit einsetzen können.

Verhandlungen mit mächtig erscheinenden Personen

Wie ich bereits in »Gesetz 5: Zeigen Sie Ihre Macht« erwähnt habe, ist die Bewertung von Macht immer subjektiv. Wir nehmen Macht an anderen Personen intensiver wahr als an uns selbst. Deshalb denken wir oft, andere Personen sind mächtiger als man selbst.

Bei diesen Verhandlungen gilt, dem Verhandlungspartner klar aufzuzeigen, dass Sie seine Macht nicht anerkennen werden. Das Zeigen der eigenen Macht ist Grundvoraussetzung für die Schaffung eines Gleichgewichts.

Verhandeln mit Gruppen

Schwierige Verhandlungen sind oft deshalb schwierig, weil Sie mit mehreren Personen in der Verhandlung zu tun haben.

Ich habe immer sehr gern mit Gruppen verhandelt, weil Gruppenstrukturen relativ leicht zu analysieren sind. Der Genauigkeit halber hier eine kurze Definition: Eine Gruppe besteht aus mehr als zwei Personen mit einem gemeinsamen Interesse und einer Kommunikation untereinander.[6]

Wenn fünf Personen an einer Bushaltestelle stehen, dann ist das noch keine Gruppe, weil hier noch keine Kommunikation untereinander stattfindet. Nach zehn Minuten Wartezeit kommt immer noch kein Bus, jetzt beginnt die Kommunikation untereinander. Die einen werden schimpfen, die anderen beruhigen. Wenn dann nach 30 Minuten immer noch kein Bus eingetroffen ist, werden die Personen in der Gruppe einzelne Aufgaben übernehmen. Der eine wird Vorschläge machen, beispielsweise gemeinsam ein Taxi zu nehmen. Ein anderer wird sein Handy hervorholen und das Taxi rufen. Die anderen werden wahrscheinlich nur dumm dabeistehen und abwarten. Vielleicht kommt auch ein Gegenvorschlag, eventuell doch noch länger zu warten.

α Und schon sind wir mitten in einer Gruppenstruktur-Analyse. In jeder Gruppe gibt es einen Anführer, einen **Alpha**. Dieser Alpha ist derjenige, dem die Gruppe folgt. Wenn der sagt, wir nehmen ein Taxi, dann wird das Taxi auch gerufen. In der Schulzeit hatten wir auch in jeder Klasse einen Alpha, den Klassensprecher. Dem sind wir dann alle gefolgt, was der gesagt hat, war richtig. In jedem Unternehmen, in jeder Abteilung gibt es einen Alpha.

Dabei wird zwischen zwei verschiedenen Alphas unterscheiden: Es gibt den *formellen Alpha*, das ist derjenige, der auf dem Papier der Alpha ist. Das könnte beispielsweise der Abteilungsleiter sein. Also auf dem Papier der Leiter der Abteilung. In Wirklichkeit ist es aber vielleicht ein anderer. Das ist dann der *informelle Alpha*. Der ist zwar nicht Kraft seines Amtes oder seines Titels in einer Führungsposition, aber er ist derjenige, auf den die Gruppe hört.

Einen Wettbewerb zwischen dem formellen und dem informellen Alpha haben Sie sicher schon einmal mitbekommen. Der formelle Alpha pocht auf seinen Status, die Gruppe hört aber auf den informellen Alpha, weil der in den Augen der Mitarbeiter die meiste Ahnung hat. Der formelle Alpha weiß sich nicht mehr zu helfen, und setzt seine Autorität als Führungskraft ein. Er führt autoritär, um den informellen Führer zu übertrumpfen. Solange die beiden Alphas im Wettbewerb stehen, wird die Gruppe nicht richtig funktionieren. Sie ist zweigeteilt, einmal folgt sie dem formellen, dann wieder dem informellen Alpha. Je nachdem, wer gerade in deren Augen der richtige Ansprechpartner ist.

β Nach dem Alpha kommt der **Beta**, das ist der Spezialist. In meiner Schulklasse war der beste Mathematikschüler ein Spezialist. Bei dem haben wir unsere Mathe-Hausaufgaben abgeschrieben. Aber eben nur die Mathe-Hausaufgaben, in anderen Fächern hatten wir andere Spezialisten. Der Spezialist wird nur in Fachfragen, nicht aber in Führungsfragen zu Rate gezogen.

In einem Unternehmen ist der Fachmann von Presales oder vom Controlling ein Spezialist. Bei Fachfragen wird auf seine Entscheidung Wert gelegt, sonst jedoch nicht.

γ

Nach dem Beta folgt der **Gamma**, der klassische Mitläufer.

Gamma sind die Arbeiter, die Ameisen, die Indianer. Sie haben keine Führungspositionen und keine Führungsambitionen. Sie sind Mitarbeiter, sie sind mit dabei. Wenn der Alpha die Richtung nach links vorgibt, dann wird nach links geschwenkt, wenn der Alpha nach rechts befiehlt, schwenkt die Gruppe nach rechts.

Ohne die Gammas läuft in einem Unternehmen überhaupt nichts, weil die Gammas die Arbeit machen. Wenn zu viele Alphas und zu wenige Gammas zusammenarbeiten, wird viel diskutiert und kaum gearbeitet. Kommt Ihnen das bekannt vor? Jetzt fehlt noch der vierte Mann im Bunde, das ist der **Omega**, der Verlierer.

Ω

Ein Omega ist immer an allem schuld, er wird bei Niederlagen zur Verantwortung gezogen. In unserer Schulklasse hatten wir auch immer einen Omega: den Klassenkasper. Wenn etwas schief gelaufen ist, musste der oder die dafür herhalten. Wenn sich die Klasse sonst nie einig war, bei der Frage der Schuldzuweisung wurde immer sehr schnell einer ausgesucht, der Omega.

In Ihrem Unternehmen gibt es auch einen Omega. Der bemüht sich um eine gute Arbeit, aber hintenrum wird über ihn gelästert. Dabei muss er nicht unbedingt schlechte Arbeit abliefern, es reicht schon, dass er von der Gruppe nicht akzeptiert wird.

Was sind Sie? Welche Rolle nehmen Sie ein?

Schwierig zu sagen, werden Sie antworten. Das stimmt, weil Sie nicht in Ihrem ganzen Leben die gleiche Rolle einnehmen. In Ihrem Unternehmen sind Sie vielleicht der formelle Alpha, in Ihrem Verein der formelle und informelle Alpha, im Oldtimerclub sind Sie der Spezialist für den 356-Porsche-Vergaser und im Golfclub der Gamma. Und Zuhause?

Diese Gruppenstruktur habe ich sehr vereinfacht dargestellt. Die Psychologie steigt natürlich noch viel tiefer in diese Thematik ein, für Ihre Verhandlungsführung reicht dieses Wissen nach meiner Meinung aus.

Sie führen jetzt die Verhandlung mit einem anderen Unternehmen und sitzen fünf Personen gegenüber. Der Vorstand, der Finanzchef, der Entwicklungschef, der Sales Manager und der Firmengründer im Ruhestand sind zu dieser Verhandlung erschienen. Wer ist Alpha? Wer ist Beta oder Gamma?

Der formelle Alpha ist klar erkennbar, es ist der Vorstand. Der Finanzchef, der Entwicklungschef und der Sales Manager sind erst mal in einer Beta-Position. Was aber ist mit dem Firmengründer im Ruhestand?

Wie können Sie die einzelnen Positionen erkennen?

Achten Sie bei der Einteilung auf folgende Punkte:

Sitzordnung: Anhand der Sitzordnung können Sie bereits einige wichtige Hinweise erhalten. Wo wird der Alpha sitzen? Der Alpha nimmt sich nicht irgendeinen Stuhl, er wird entweder in der Mitte sitzen, um die Verhandlung »im Schutz seiner Mitarbeiter« führen zu können, oder er wird sich einen Stuhl aussuchen, von dem er die ganze Situation im Blick hat. Er lässt dann die anderen reden. Aber nur so lange, bis es wichtig wird, dann schlägt die Stunde des wahren Alphas.

Redeanteil: Der Redeanteil ist einer von vielen Hinweisen, jedoch nicht der wichtigste. Es gibt Alphas, die sehr viel reden, um sich darzustellen. Sie wollen dem Verhandlungspartner durch das viele Reden suggerieren, dass sie wichtig sind. Ich habe aber schon oft Alphas erlebt, die kaum etwas sagen und dann am Ende der Verhandlung das Ergebnis abnicken. Oder nicht nicken und dadurch das Ergebnis ablehnen.

Blickkontakt: Der Blickkontakt ist der entscheidende Hinweis auf den wahren Alpha, den Entscheider. Stellen Sie eine wichtige Frage an die Runde – machen Sie bewusst eine Pause – und achten Sie auf den Blickkontakt. Derjenige, der jetzt die Blicke empfängt, ist Ihr wichtigster Ansprechpartner.

Wie gehen Sie mit den einzelnen Positionen um?

Alpha: Der Alpha ist Ihr wichtigster Ansprechpartner, ohne ihn läuft überhaupt nichts. Er ist der Meinungsbilder und der Entscheider. Sie müssen ihn in seiner Führungsrolle anerkennen und auch entsprechend behandeln. Die wichtigen Fragen sollten Sie also an ihn persönlich richten. Dass Sie den Alpha immer mit Namen und – eventuellem Titel – anreden sollten, ist selbstverständlich. Machen Sie den Alpha zum Sieger, loben Sie ihn für die erfolgreiche Unternehmensentwicklung und seine umsichtige Mitarbeiterführung. Alles in Maßen, aber doch erkennbar.

Achten Sie während Ihrer Argumentation besonders auf die nonverbalen Äußerungen des Alphas. Blickt er selbstsicher und entschlossen, dann behalten Sie ihn als ersten Ansprechpartner bei dieser Verhandlung. Schaut er hingegen unsicher zu seinen Mitarbeitern, dann stellen Sie die nächsten Fragen an die Mitarbeiter. Damit vermeiden Sie eine Bloßstellung, was sollen die Mitarbeiter auch von ihm denken, wenn er auf Ihre Fragen nicht antworten kann.

Holen Sie sich während der Verhandlung immer die Rückversicherung vom Alpha, dass Sie mit Ihrer Einschätzung richtig liegen. Solange der Alpha nickt, sind Sie auf der sicheren Seite.

Beta: Der Spezialist ist für die Fachfragen verantwortlich. Bei seinem Thema müssen Sie ihn anschauen und mit Fragen in die Verhandlung einbinden. Wenn Sie die Fragen an den falschen Adressaten richten, kann es sein, dass Sie sich einen Gegner schaffen. Er wird natürlich nie sagen, dass Sie ihn missachtet haben, er wird die Sache vorschieben und Sie sachlich attackieren.

Die Betas von heute sind morgen vielleicht die Alphas. Auch aus diesem Grund sollten Sie eine gute Beziehung zu Ihnen aufbauen. Sie wissen ja, man trifft sich immer zweimal im Leben.

Gamma: Der Gamma ist am leichtesten zu handhaben. Er ist kein Entscheider und wird auch keine Stimmung gegen Sie machen. Er orientiert sich an der Chef- also an der Alphameinung. Bei einem Gamma kommt am besten das Lob für seine Teamfähigkeit an. Gammas sind oft Teammenschen und freuen sich, wenn das jemand auch sieht. Ein Dank an ihn, dass er seine Erfahrung in dieses gemeinsame Projekt eingebracht hat, hilft seinem Selbstwertgefühl und Ihnen tut es nicht weh.

Omega: In einer Verhandlung werden Sie es selten mit einem Omega zu tun haben. Wenn doch einmal einer mit am Tisch sitzt und Sie bemerken, dass er von den anderen nicht anerkannt wird, dann stellen Sie den Omega nicht besonders ins Rampenlicht. Sonst haben Sie den Omega für sich gewonnen, die anderen allerdings verloren. Dass Sie einen Omega sehr höflich und zuvorkommend behandeln, versteht sich von selbst.

Wichtige Methoden zur Verhandlung mit Gruppen

Erträglich ist der Mensch als Einzelner, in der Masse steht die Tierwelt gar zu nah. FRANZ GRILLPARZER

Nehmen wir einmal an, Sie würden als Verhandlungsführer der Polizei mit einer Gruppe von gewalttätigen Skinheads verhandeln. Eine Gruppe von zehn Skins hat einen wichtigen Platz blockiert und will nicht weichen. Die Polizei hat die Skins bereits mit Megaphon aufgefordert, den Platz zu verlassen, ohne Erfolg. Sie gehen auf die Gruppe zu und wollen verhandeln. Wie gehen Sie vor? Welche Person sprechen Sie an?

Sie werden mit Sicherheit den Alpha dieser Skin-Gruppe erkennen. Normalerweise wird er sich selbst als Chef zu erkennen geben oder die anderen werden ihn auffordern, die Verhandlung zu führen. Natürlich nicht so offiziell, sonder eher: »Da kommt so einen Bullenschwein, quatsch Du mit denen!«

Wenn Sie mit diesem Alpha verhandeln, wird sich die Gruppe um ihn formieren, um ihn zu schützen. Mit einer klaren Gruppenstruktur ist diese Gruppe sehr homogen und handlungsfähig. Der Alpha spricht, der Beta gibt seinen Kommentar dazu, die Gammas schauen dumm und der Omega ist nachher an allem schuld.

Da Alphas die Anerkennung durch ihre Gruppe brauchen, wird er alles tun, um vor seinem »Team« als der starke Mann dazustehen. Wenn alle bei dieser Verhandlung zuhören, haben Sie fast schon verloren. Der Alpha wird dann nicht einlenken. Er kann schlichtweg nicht einlenken, weil er sonst von seiner Gruppe als »Umfaller« betrachtet werden könnte. Die Anerkennungsmasche zieht hier auch nicht, weil ihm ein Lob von seiner Gruppe wichtiger ist als das Lob der Polizei.

Hier müssten Sie also den Alpha aus der Gruppe isolieren und unter vier Augen mit ihm sprechen. Unter Ausschluss der Gruppe geben Sie ihm das Gefühl, der Allerwichtigste zu sein, weil Sie ja nur mit ihm verhandeln. Er kann Ihnen entgegenkommen, ohne sein Gesicht zu verlieren. Wenn er dann zu seiner Gruppe zurückkommt, kann er seine Fassung der Vereinbarung erzählen. Er wird sagen, dass er es dem anderen ganz schön gezeigt hat und dass die ganz schön die Hosen voll haben. Er wird einen Grund finden, warum jetzt alle diesen Platz verlassen sollten. Nicht der Polizei zuliebe – nein, auf gar keinem Fall – sondern weil es ja eh schon spät ist und sie ja wirklich was Besseres vorhätten. Sie bekommen dann keinen Beifall von der Gruppe, aber Sie haben die Verhandlung zu einem guten Ergebnis geführt.

Was wird aber passieren, wenn Sie den Alpha ignorieren und die Verhandlung mit dem Beta aufnehmen?

Sie gehen auf die Gruppe der Skins zu, gehen am Alpha vorbei und sprechen mit dem Beta. Sie bitten den Beta zu einem Vier-Augen-Gespräch und besprechen mit ihm das weitere Vorgehen. Dann brauchen Sie nur noch ein bisschen Geduld und die Gruppe wird sich wahrscheinlich sehr schnell streiten. Der Beta schlägt der Gruppe vor, dass ein Abzug sinnvoll ist. Der Alpha hält dagegen, dass ein Abzug nicht infrage kommt. Aber nicht, weil er von der Richtigkeit seiner Meinung überzeugt ist, sondern weil er sich hintergangen fühlt. Die Gruppenmitglieder werden sich jetzt in einzelne Lager spalten. Die einen halten nach wie vor zu ihrem großen Chef. Die anderen verstehen die Argumente des Betas und überlegen. Dann fällt ihnen vielleicht ein, dass der Alpha sie schon einmal benachteiligt hat. Jetzt schwenkt der erste zum Beta über, ein Weiterer wird folgen. Und schon stehen sich innerhalb dieser Skin-Gruppe zwei verschiedene Gruppen gegenüber. Wenn Sie nun beim nächsten Gespräch den Beta und seine Gruppe wieder weiter aufbauen, wird vielleicht noch einer überwechseln. Die Gruppe wird sich streiten und Sie können als Vermittler dazwischen gehen, um die Verhandlung in Ihre Richtung fortzuführen.

Wenn Sie in Ihren Verhandlungen den Alpha zu wenig gewürdigt haben, dann wird er gegen Sie arbeiten. Nicht wegen der Sache, sondern weil er als Alpha verletzt ist. Nichts ist schlimmer für einen Alpha, als nicht anerkannt zu werden.

Mit dieser einfachen Methode können Sie eine schwierige Verhandlung steuern. Sie können eine homogene Gruppe derart schwächen, dass sie nicht mehr handlungsfähig ist.

Sicher nicht die feine englische Art, aber sehr wirkungsvoll. Sie wollen mit diesem Buch auch keinen Schmusekurs, sondern Tipps für Verhandlungen im Grenzbereich.

Diese Methode können Sie im privaten Bereich genauso ausprobieren. Gehen Sie in eine Bar oder Disco und beobachten Sie die einzelnen Gruppen. Sie werden erkennen, wer jeweils die Alpha-Position besetzt.

Als attraktive Frau können Sie beispielsweise eine Gruppe von Männern beobachten. In dieser Gruppe wird sich ein Herr besonders hervortun, der Alpha. Jetzt gehen Sie am Tisch dieser Gruppe vorbei und lächeln einen anderen, unscheinbaren Mann dieser Gruppe an. Jeden anderen, nur nicht den Alpha. Dann können Sie aus sicherer Entfernung beobachten, was in dieser Gruppe abgeht.

Was glauben Sie, wird passieren?

Sie haben die gesamte Gruppenstruktur auf den Kopf gestellt. Der Alpha ist in seiner Ehre verletzt und wird jetzt »seiner« Gruppe zeigen müssen, dass er der Chef im Haus ist. Er wird vielleicht Ihre Attraktivität in Abrede stellen, wird vielleicht »eine Runde« bestellen (ein Alpha macht so etwas) und wird wahrscheinlich auf Sie zukommen. Er wird den anderen zeigen, dass er der attraktivste und schönste Mann unter der Sonne ist. Wehe, Sie lassen ihn abblitzen, dann hat er ein wirkliches Problem.

Meine Verhandlungstipps:

- Analysieren Sie jede Gruppe nach:
  1. Sitzordnung,
  2. Redeanteil und
  3. Blickkontakt.
- Ihr Umgang mit dem

Alpha: Als Führungsposition anerkennen, loben, immer Zustimmung einholen.

Beta: In seinem Fachgebiet ernst nehmen und Fragen stellen. Der Beta von heute ist möglicherweise der Alpha von morgen.

Gamma: Für seine Teamfähigkeit loben, nicht besonders hervorheben, sonst wird die Gruppenstruktur infrage gestellt.

Omega: Nicht hervorheben, höflich und zuvorkommend behandeln.

Jede Position in einer Gruppe ist wichtig. Jeder sollte deshalb respektvoll behandelt werden.

Verhandlungen mit Drogenabhängigen

Sie haben sicherlich schon oft mit Drogenabhängigen verhandelt. Manchmal werden Sie sich gewundert haben, weshalb Ihr Verhandlungspartner so launisch ist. Oder warum er das eine Mal so professionell verhandelt und ein paar Stunden später völlig unkonzentriert am Tisch sitzt. Sie fragen ihn beispielsweise nach den nächsten möglichen Schritten und er kann Ihnen gedanklich nicht folgen. Dann zeigen Sie ihm die Folgen eines Scheiterns auf und er kapiert überhaupt nichts.

Möglicherweise ist die Sichtweise Ihres Verhandlungspartners so eingeschränkt, dass er all die Hürden und Hindernisse wirklich nicht sieht. Selbst bei der offensten Frage kann er die möglichen Konsequenzen und Kosten nicht ersehen.

Alkohol- und Drogenabhängige, ich führe bewusst beide extra auf, damit Sie bemerken, dass Alkoholabhängige auch Drogenabhängige sind, sind krank.

Die Wahrnehmung ist bei dieser Krankheit massiv gestört. Wenn Sie also mit einem Alkoholkranken verhandeln, dann werden Ihre Argumente aufgrund der eingeschränkten Wahrnehmung Ihres Verhandlungspartners nicht richtig ankommen. Wie oft haben Sie schon mit Alkoholkranken verhandelt?

Statistiken gehen davon aus, dass etwa zehn Prozent der arbeitenden Bevölkerung alkoholkrank sind. Das heißt für Sie, rein statistisch gesehen, dass Sie bei jeder zehnten Verhandlung mit einem alkoholkranken Gesprächspartner zusammensitzen.

Ich glaube nicht, dass es zehn Prozent sind. Es sind noch viel mehr. Natürlich habe ich durch meine Ausbildung und meine Zeit bei der Drogenfahndung ein anderes Bewusstsein für Drogenabhängige bekommen. Bei meinen Verhandlungen bei der Polizei hatte ich viele alkoholkranke und drogenabhängige Verhandlungspartner.

Bei meinen Trainings und Coachings hatte ich auch schon jede Menge.

Diese Kranken sind nicht auf den ersten Blick zu erkennen. Sie tragen kein Schild vor sich her, vielleicht hat der ein oder andere eine rote Nase. Alkoholkranke sind nicht sehr leicht zu erkennen. Alkoholismus äußert sich in zig verschiedenen Formen. Da gibt es den »Spiegeltrinker«, der seinen Alkohollevel im Blut halten muss, damit er nicht auffällt. Es gibt den »Quartalssäufer«, der selten trinkt, manchmal, aber dann eben richtig. Dann gibt es den »trockenen« Alkoholiker, der jetzt keinen Tropfen Alkohol mehr trinkt, aber jahrelang zu viel getrunken hat. Vielleicht hat er in dieser Zeit seinen Verstand »versoffen«, wie der Volksmund so schön sagt.

Viele Alkoholkranke haben gemein, dass Sie nicht als solche zu erkennen sind. Es gibt auch keine Faustregel, nach der Sie Alkoholkranke einteilen könnten. Es gibt Hinweise. Deutliche Hinweise. Ein befreundeter Suchtberater war lange Jahre selbst Alkoholiker. Er war ständig betrunken. So lange, bis er vor dem Selbstmord stand und dann das Ruder noch einmal herumreißen konnte. Nachdem er seine Sucht besiegt hatte, wurde er Suchtberater. Er erkennt 100 Kilometer gegen den Wind, ob jemand alkoholkrank ist. Sein Tipp: Wenn Sie glauben, dass jemand alkoholkrank ist, dann ist er das auch. Die meisten Alkoholkranken versuchen alles, um die eigene Sucht zu verheimlichen. Dem Erfindungsreichtum sind hier keine Grenzen gesetzt. Wenn Sie bereits erkannt haben, dass jemand heimlich trinkt, dann haben Sie meist einen Alkoholkranken erkannt.

Wir durchsuchten einmal die Wohnung einer Frau nach einer Straftat. In ihrem Wohnzimmer fanden wir mehrere große Waschkörbe gefüllt mit Glückwunschkarten. Glückwunschkarten zur Hochzeit, zum Geburtstag und zum Jubiläum. Nachdem wir sie erstaunt nach dem Grund für diese vielen Glückwunschkarten gefragt hatten, gab sie uns eine einleuchtende Antwort: Wenn sie als allein stehende Frau im Supermarkt Alkohol, wie Schnapsflaschen oder Champagner, einkauft, dann wird sie von den Damen an der Kasse komisch angesehen. Wenn sie zu einer Schnapsflasche eine Glückwunschkarte kauft, erscheint diese Frau in einem ganz anderen Licht.

Die Damen an der Kasse hatten schon Mitleid mit ihr, weil sie so oft eingeladen ist und so viele Geschenke kaufen muss. Zuhause wurde dann der Alkohol getrunken und die Glückwunschkarten gestapelt. So viel zum Ideenreichtum von Alkoholkranken.

Alkoholkranke unternehmen alles, um nicht als solche erkannt zu werden.

Für Verhandlungen ist diese Erkenntnis enorm wichtig. Sie haben mit Sicherheit bereits mit Alkoholkranken verhandelt. Wenn Sie Fragen nach Folgen und Konsequenzen einer Verhandlung stellen, dann kann es gut sein, dass Ihr Verhandlungspartner die Folgen aufgrund seiner Krankheit gar nicht richtig einschätzen kann. Nicht weil er es nicht möchte, sondern weil er es nicht kann.

Sie brauchen jetzt nicht jedem Verhandlungspartner heimlich in die Tasche schauen, um kleine »Flachmänner« oder Spritzen zu suchen. Wichtig ist die Erkenntnis, dass deutlich mehr Menschen, als Sie jetzt denken, drogenabhängig sind. Wenn Sie dann während der Verhandlung den Eindruck gewinnen, dass Ihr Partner etwas nicht verstehen oder einsehen will, dann sollten Sie auch über die Auswirkungen von Sucht nachdenken.

In einem Training habe ich einen deutschlandweit bekannten Seminarleiter erlebt. Er wollte an diesem Tag besonders gut sein. Wahrscheinlich hat er nichts getrunken, um richtig fit zu sein. Nach meiner Einschätzung war er ein »Spiegeltrinker« der seinen Alkohollevel braucht. Ein richtiger Spiegeltrinker trinkt zum Frühstück Alkohol, damit er seinen Level erreicht. Diesen Level muss er den ganzen Tag halten. Sinkt er, dann zeigen sich die Ausfallerscheinungen von Alkohol. Er wird zittrig und unkonzentriert. Dieser Seminarleiter hatte nichts getrunken und er war zittrig und unkonzentriert. Mit einem Glas Alkohol wäre er wahrscheinlich wieder in guter Verfassung gewesen.

Hätte ich an diesem Tag mit ihm verhandeln müssen, dann hätte ich die Verhandlung vertagt oder an die Bar verlegt. In diesem Zustand war es nicht möglich, mit ihm sachgerecht zu verhandeln.

Meine Verhandlungstipps:

- Hinterfragen Sie, warum Ihr Verhandlungspartner nicht einlenkt.
- Beobachten Sie, ob Ihr Verhandlungspartner drogenabhängig ist.
- Lassen Sie dann Ihren Verhandlungspartner »in seiner Welt« und nutzen Sie die Situation für sich.
- Wenn Sie den Eindruck haben, dass Ihr Verhandlungspartner alkoholkrank ist, dann können Sie folgende Punkte anwenden:

  ○ Lassen Sie ihn auf gar keinen Fall spüren, dass Sie seine Krankheit erkannt haben.
  ○ Stellen Sie Alkohol als etwas Normales dar und sorgen Sie dafür, dass Alkohol serviert wird.
  ○ Bei einem Glas Alkohol werden Sie sehr schnell feststellen, wie er »auftaut«.
  ○ Vertagen Sie die wichtigen Verhandlungspunkte auf einen anderen Tag, am besten sehr früh am Morgen.
  ○ Halten Sie alle Verhandlungspunkte schriftlich fest und sorgen Sie dafür, dass er nach jeder wichtigen Verhandlungsrunde unterschreibt.
  ○ Wenn ein kleines Geschenk angebracht ist, bringen Sie alkoholische Getränke mit.
- **Der Verhandlungstipp für den Grenzbereich:** Gehen Sie mit Ihrem Verhandlungspartner an die Bar.

Gesetz 6:

Brechen Sie jeden Widerstand

Mut ist die wichtigste menschliche Stärke, weil er die Grundlage für alle anderen Stärken darstellt. WINSTON CHURCHILL

Jetzt geht die Verhandlung in die entscheidende Phase. Sie haben

- die Motive analysiert,
- die Strategie und Taktik umgesetzt,
- wirkungsvoll argumentiert,
- jederzeit agiert und nicht reagiert und
- Ihre Macht deutlich gezeigt.

Die meisten Verhandlungen werden jetzt mit einer für beide Seiten zufrieden stellenden Vereinbarung unterzeichnet.

Vielleicht glaubt Ihr Verhandlungspartner aber immer noch an einen Sieg. Er will Sie immer noch in eine Verliererrolle zwingen und den alleinigen Sieg erringen. Er widersetzt sich einer zufrieden stellenden Vereinbarung. Diesen Widerstand müssen Sie brechen, damit er wieder einlenkt. Je härter sein Widerstand, desto härter müssen Sie ihm zeigen, dass Sie nicht nachgeben werden.

Das heißt nicht, dass Sie jetzt auf seine Aktion reagieren und das Ziel aus den Augen verlieren. Sie verfolgen nach wie vor

Ihr Verhandlungspartner verstärkt seinen Widerstand – er steigt in der Eskalationstreppe immer eine Stufe höher. Zeigen Sie ihm, dass Sie seinen Widerstand brechen werden.

Ihr klar definiertes Ziel und zeigen dabei dem Verhandlungspartner, dass Sie nicht verlieren werden.

Brechen Sie jeden Widerstand:

- Warnen Sie Ihren Verhandlungspartner.
- Treiben Sie Ihren Verhandlungspartner nie in eine Ecke.
- Emotionalisieren Sie Ihre Warnung.
- Gewinnen Sie nicht gegen ihn, gewinnen Sie ihn für sich.
- Demonstrieren Sie Ihre Entschlossenheit.
- Machen Sie Ihre Warnung wahr.
- Bieten Sie Ihrem Verhandlungspartner eine Möglichkeit zum Einlenken an.
- Zeigen Sie nie ein Gewinnerlächeln.

Warnen Sie Ihren Verhandlungspartner

Sollte Ihr Verhandlungspartner seine Grenzen an diesem Punkt der Verhandlung immer noch nicht sehen, dann müssen Sie ihm diese jetzt sehr deutlich aufzeigen. Nicht durch Drohungen, sondern durch eine Warnung.

Auf den ersten Blick scheint sich eine Warnung nicht von einer Drohung zu unterscheiden, da Sie ja in beiden Fällen auf die negativen Folgen eines Scheiterns der Verhandlungen hinweisen. Aber es gibt einen wichtigen Unterschied:

- Eine **Warnung** ist objektiv und respektvoll,
- eine **Drohung** ist subjektiv und feindselig.

Die Warnung:

Mit einer Warnung machen Sie Ihrem Verhandlungspartner klar, dass auf dem gemeinsamen Weg zur sinnvollen Einigung Gefahr droht. Und zwar für ihn, wenn er den gemeinsamen Weg verlässt. Sie zeigen ihm auf, was geschehen wird, falls es nicht zu einer Einigung kommt. Eine Warnung objektiviert die Folgen eines Scheiterns, sie zeigt auf, was passieren wird. Das klingt dann wie ein Automatismus, auf den Sie selbst keinen Einfluss haben. Sie haben ja nichts gegen den Verhandlungspartner persönlich, sie zeigen ihm nur objektiv die Folgen eines Scheiterns auf.

Und es gibt noch einen Unterschied: Eine Warnung wird sehr respektvoll und in neutralem Ton vorgetragen. Sie respektieren damit Ihren Verhandlungspartner, er kennt jetzt die Alternativen und kann selbst entscheiden.

Die Drohung:

Mit einer Drohung kündigen Sie Ihrem Verhandlungspartner an, dass Sie ihm Schaden, Schmerzen oder eine Strafe zufügen werden. Ihr Verhandlungspartner steht mit dem Rücken zur Wand, er fühlt sich in die Ecke gedrängt.

Treiben Sie Ihren Verhandlungspartner nie in eine Ecke

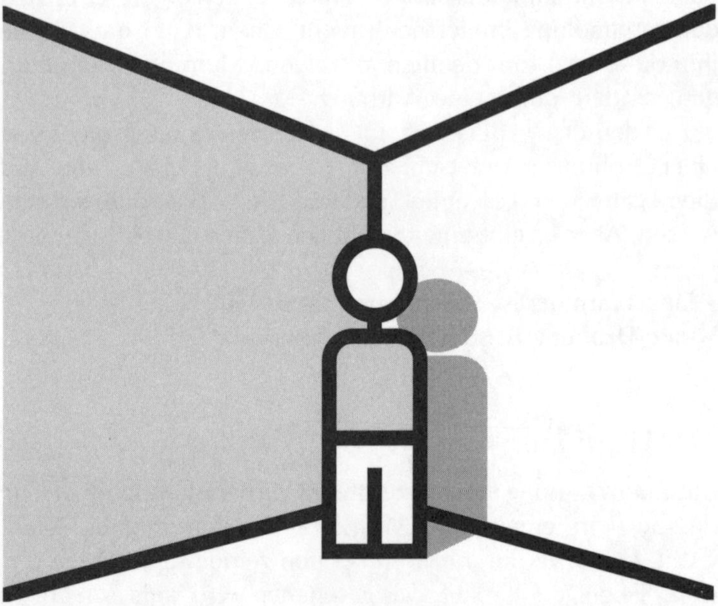

Wenn Sie eine Drohung aussprechen, drängen Sie Ihren Verhandlungspartner in die Ecke.

Immer, wenn Sie jemanden in die Ecke drängen, gibt es nur eine Richtung, in die er gehen kann: Und da stehen Sie. Er wird seine Energie darauf verwenden, Sie zu bekämpfen, es Ihnen »zu zeigen«.

Eine Drohung wird »von oben herab« mit emotionalem Unterton geäußert. Sie bemerken den Unterschied am besten an sich selbst. Wenn Sie beratend und ohne Emotionen zu Ihrem Verhandlungspartner sprechen, dann wird es eine Warnung sein. Wenn Sie aber mit zittriger Stimme und hochrotem Kopf Ihren Verhandlungspartner anfeinden, dann ist es eine Drohung.

Ziel der Warnung ist es, dass Ihr Verhandlungspartner die von Ihnen abgesteckten Grenzen erkennt. Ihre Aufgabe ist es, die Grenzen klar zu definieren und als solche zu kommunizieren. Ihr Verhandlungspartner muss deutlich spüren, dass Sie diese Grenzen aus gutem Grund gewählt haben und dass Ihnen deren Aufrechterhaltung sehr wichtig ist. Ihr Verhandlungspartner darf keinen Zweifel an der Ernsthaftigkeit Ihrer Warnung haben.

Während des Balkankriegs haben viele Politiker gewarnt und gedroht, passiert ist gar nichts. Die Machthaber in Jugoslawien haben sich wohl gedacht, Hunde die bellen, beißen nicht. Und sie hatten Recht. Jeden Tag trat ein neuer Politiker mit einer neuen Warnung auf die Bühne, jedoch eher aus Publicity-Gründen als um eine sinnvolle Vereinbarung herbeizuführen.

Als Musterbeispiel von internationalem Verhandlungsgeschick galt in solchen Angelegenheiten Margaret Thatcher, die »Eiserne Lady«. Sie hat sich diese Auszeichnung dadurch verdient, dass sie nicht geplappert, sondern gehandelt hat.

Während des Falkland-Konflikts hatte Argentinien die Falkland-Inseln besetzt, die zu Großbritannien gehören. Die damalige Premierministerin Thatcher äußerte sich nicht zum Konflikt, sondern sie sandte Ihre Marine zu den Falkland-Inseln. Sie hat nicht vor laufender Kamera gedroht, sondern durch ihre Handlung eine deutliche Warnung kommuniziert. Der Ausgang des Konflikts ist bekannt, Argentinien hat sich von den Falklands zurückgezogen. Hätte Margaret Thatcher vor jeder Kamera gedroht und angekündigt, was sie alles tun könnte, dann hätte sie sich zum bellenden Hund gemacht.

Sorgen Sie dafür, dass Ihr Verhandlungspartner nicht von einer falschen Annahme darüber ausgeht, was geschehen wird, falls Sie zu keiner Einigung gelangen. Machen Sie ihm unmissverständlich klar – mit Worten oder mit Taten – was geschehen wird. Alle Warnungen, die Sie jetzt aussprechen, müssen Sie natürlich auch einlösen. Warnen Sie, bevor Sie zu Machtmitteln greifen, damit Ihr Verhandlungspartner sich die Verweigerung seiner Zustimmung noch einmal überlegen kann.

Emotionalisieren Sie Ihre Warnung

Tatsächlich kann eine Warnung effektiver sein als der Einsatz Ihres Machtmittels. Der Grund: Eine Warnung spielt sich in der Gedankenwelt des Verhandlungspartners ab.

Wenn ich einen Straftäter vor einer Festnahme gewarnt habe, dann konnten sich die unterschiedlichsten Filme in seinem Kopf abspielen: Eine Festnahme kann eine höfliche Aufforderung zum Mitkommen sein oder ein bestimmtes Anordnen von unmittelbarem Zwang, wie es im Polizeiaufgabengesetz heißt. Es kann auch eine gewalttätige Amtshandlung mit großen seelischen und körperlichen Schmerzen sein. Wenn der gewalttätige Film mit Schmerzen in seinem Kopf abläuft, dann war meine Warnung meist sehr wirkungsvoll. Wenn ich bemerkt habe, dass der »Soft«-Film lief, dann habe ich die folgenden Handlungen noch detaillierter beschrieben.

Jeder Mensch hat vor anderen Folgen Angst. Während meiner Zeit bei der Drogenfahndung habe ich einen Dealer bei einer Drogenübergabe festgenommen. Es war, wie sich später herausstellte, der Sohn einer bekannten Stadträtin. Wir eröffneten ihm pflichtgemäß seine Rechte und Pflichten, die er nach der Festnahme hat, und gaben ihm die Möglichkeit, mit uns zu kooperieren. Anschließend sagten wir ihm, dass wir jetzt seine Wohnung durchsuchen würden. Die Wohnung befand sich im Haus seiner Mutter mitten in der Stadt.

Die Festnahme des Sohnes als Drogendealer wäre für die Mutter der politische Tod gewesen. So war es sehr leicht, eine Warnung zu formulieren. Nach der Festnahme war die Rechtsgrundlage für eine sofortige Wohnungsdurchsuchung gegeben. Es gibt immer verschiedene Möglichkeiten der Wohnungsdurchsuchung. Wir konnten mit zwei Beamten in Zivil so unauffällig durchsuchen, dass Nachbarn nichts von einer polizeilichen Aktion bemerkten. Andererseits war es uns auch möglich, uniformiert, mit Einsatzfahrzeugen und Rauschgifthunden vorzufahren. Mit ein bisschen Geschick konnten wir dabei ein ganzes Stadtviertel aufschrecken.

So haben wir den jungen Mann bei der Festnahme vor den Folgen gewarnt, wenn er nicht mit uns kooperieren würde. In seinen Gedanken lief wohl der Film mit einem Dutzend Polizeifahrzeugen mit Blaulicht ab. In diesem Fall musste ich die Warnung nicht näher beschreiben, er erkannte die schlimmen Folgen meiner Warnung.

Wichtig ist in diesem Zusammenhang, dass Ihr Verhandlungspartner sich die Konsequenzen auch vorstellen kann.

Die Todesstrafe hat nachweislich keine abschreckende Wirkung. Obwohl wir alle Angst vor dem Tod haben, können wir uns den Tod nicht vorstellen. Wir wissen nicht, was es bedeutet, tot zu sein. Welche Schmerzen damit zusammenhängen und was nach dem Tod passiert. Was nicht vorstellbar ist, schreckt auch nicht ab.

Ich habe während meiner Zeit bei der Drogenfahndung bemerkt, dass sich Drogenabhängige die Folgen der Sucht schlichtweg nicht vorstellen konnten. Alle Androhungen und Warnungen halfen nichts. Die Eltern der Drogenkonsumenten sind schier verzweifelt mit ihren Warnungen. Kein Mensch kann sich vorstellen, was es bedeutet, nur noch für die Sucht zu leben, nur noch einen Gedanken zu haben: Wo bekomme ich mein

Rauschgift her? So sind die meisten Drogenabhängigen sehr schnell »abgerutscht«. Abrutschen hört sich so passiv an, so, als wenn man gerade mal stolpert. Drogenabhängige geraten auch deshalb in die volle Abhängigkeit, weil das Elend vorher nicht absehbar ist.

Komischerweise hat ein Führerscheinentzug die dramatischste Abschreckung. Wenn nichts mehr Wirkung zeigt, ist der angedrohte Führerscheinentzug der Knaller. Sobald ich einem Drogenabhängigen erzählt habe, dass ich die Führerscheinstelle informieren werde, wurden die meisten ganz aufmerksam. Tatsächlich kann Drogenabhängigen der Führerschein auch ohne verschuldete Unfälle aberkannt werden. Dabei war der Führerscheinentzug eine logische Konsequenz der Drogenabhängigkeit, also keine willkürliche Drohung von mir. Diese Warnung wirkt, weil bei den meisten wohl ein geistiger Film abläuft: früh aufstehen, im Regen zur Bushaltestelle, vollbesetzte Busse, teures Taxi, Schadenfreude bei den Kumpels, Arbeitsplatzverlust, abends nicht zur Disko fahren. Die Folgen sind vorstellbar und deshalb so abschreckend.

Wenn Sie Ihrem Verhandlungspartner Konsequenzen aufzeigen, dann sorgen Sie bitte dafür, dass er sich diese Konsequenzen vorstellen kann.

Vielleicht hat Ihr Verhandlungspartner die Konsequenzen eines Scheiterns noch immer nicht erkannt. Stellen Sie ihm Fragen, bei denen er genau überlegen muss, was geschehen wird, falls Sie nicht zu einer Einigung kommen. Statt ihm die Konsequenzen als Schreckensszenario auszumalen, lassen Sie ihn die Folgen selbst formulieren. Wie bereits beschrieben, nehmen die Leute mehr an, wenn sie es selbst formulieren. Lassen Sie ihm die Wirklichkeit eine Lehre sein.

Einer der erfolgreichsten Manager, Lee Iacocca, nutzte diese Vorgehensweise im amerikanischen Kongress. Als Chrysler 1979 am Rand des Bankrotts stand, versuchte dessen Präsident, Lee Iacocca, den amerikanischen Kongress zu einer Bürgschaft für ein Darlehen zu bewegen. Der Widerstand dagegen, ein angeschlagenes Unternehmen über Wasser zu halten, war vehement. Während der Anhörungen im Kongress tat Iacocca alles, um seine Kontrahenten umzustimmen. Seine Methode bestand darin, harte »realitätsprüfende« Fragen zu stellen, die dazu dienten, das Augenmerk auf die unerfreulichen Folgen einer Ablehnung von Chryslers Bitte zu lenken.

»Wäre es für dieses Land wirklich von Vorteil«, frage Iacocca, »wenn Chrysler zugrunde ginge und die Arbeitslosenquote der USA über Nacht um ein weiteres halbes Prozent stiege? Wäre der freien Marktwirtschaft wirklich gedient, wenn Chrysler schließen müsste und Zehntausende von Arbeitsplätzen an das Ausland verloren gingen?« Mit dem Hinweis auf eine Schätzung des Finanzministeriums, wie viel die Entlassungen die Regierung allein im ersten Jahr an Arbeitslosenunterstützung und Sozialhilfe kosten würden, fragte Iacocca die Abgeordneten: »Ihr habt die Wahl. Wollt Ihr gleich 2,7 Milliarden Dollar zahlen, oder wollt ihr für die Hälfte dieser Summe bürgen, mit einer guten Chance, alles zurückzukriegen?«

Im Grunde fragte Iacocca: »Wollt ihr die Folgen einer Ablehnung tragen, oder zieht ihr es vor, die angebotene Brücke zu beschreiten?« Obwohl die Volksvertreter aus ideologischen Gründen dagegen waren, Chrysler zu unterstützen, änderten sie ihre Meinung, als ihnen klar wurde, vor welcher Wahl sie standen. Wie Iacocca schreibt: »Als ihm (dem Kongressmitglied) klar wurde, wie viele Menschen in seinem Wahlkreis Chrysler die Existenz verdankten, hatten die ideologischen Bedenken ausgespielt.« Iacocca erhielt die Bürgschaft.

Folgende Fragen haben sich bei dieser Vorgehensweise bewährt:

Was wird geschehen, wenn wir uns nicht einigen?

Iacocca fragte den Kongress: »Welche Kosten kommen auf uns zu, falls wir uns nicht einigen können?« – Ich fragte den Geiselnehmer: »Was glauben Sie, wird passieren, wenn wir beide das nicht mit Worten regeln?«

Die Fragen müssen »offen« gestellt sein, das heißt, der Gedankenvorgang beim Verhandlungspartner muss angeregt werden. Je offener Sie die Frage stellen, desto mehr muss Ihr Verhandlungspartner nachdenken. Suggestivfragen wie »Ihnen ist doch sicherlich bewusst, dass ...« sind hier fehl am Platz. Durch Suggestivfragen zeigen Sie dem Verhandlungspartner bereits auf, dass Sie der Chef im Ring sind und ihn manipulieren wollen. Diese Suggestivfragen implizieren meist einen drohenden Charakter nach dem Motto: »Na mein lieber Kleiner ... jetzt sagt Dir mal der große Meister, was wirklich Sache ist! Wenn Du Dich nicht fügst, dann ...«

Sie wollen zu einer langfristigen Übereinkunft kommen. Drohungen führen Sie garantiert in eine andere Richtung. Nur durch eine geschickte Fragestellung können Sie die Gedanken Ihres Verhandlungspartners in die gewünschte Richtung lenken. Ein Zusatz Ihrer Aussage wie: »Aus Fairness weise ich Sie gerne darauf hin, dass ...«, kann den Gedankenstrom in eine neue Richtung lenken. Lee Iacocca hätte beispielsweise einflechten können: »Aus Fairness weise ich Sie gerne darauf hin, dass sich die Gewerkschaften bereits ...« Vielleicht blinken jetzt bei Ihnen die Warnlampen und Sie haben das Gefühl, dass es sich bei dieser Äußerung um eine Drohung handelt. Es ist aber keine Drohung, sondern eine Warnung.

Was glauben Sie, was ich tun werde?

Wenn Sie glauben, dass Ihr Verhandlungspartner die Stärke Ihrer Position unterschätzt, können Sie ihn fragen: »Was glauben Sie, werde ich tun, wenn wir uns jetzt nicht einigen können?« Hier ist es wichtig, dass Sie den Wunsch nach einer gemeinsamen Lösung betonen. Die Frage darf nicht als Drohung erscheinen, sondern sie sollte die Gedanken des Verhandlungspartners in eine neue Richtung lenken.

Reflektieren wir noch einmal auf mein Erlebnis bei der Geiselnahme: Was hätte der Geiselnehmer von folgender Frage gehalten: »Was glauben Sie, werde ich tun, wenn wir uns jetzt nicht einigen können?« Nachdem ich ihm klargemacht hatte, dass ich die Verantwortung für die Geisel habe und nicht kampflos abziehen werde, liefen in seinem Kopf unweigerlich die Konsequenzen ab. Auch wenn er kein ausgewiesener Kenner der polizeilichen Strategien war, so wusste er doch, dass das Haus umstellt ist, andere Polizeibeamte auf der Lauer liegen und ich ein Eingreifen der Sondereinsatzgruppe fordern würde.

Was soll ich Ihrem Rat nach tun?

Diese Frage zielt in die gleiche Richtung wie die vorherige. Zusätzlich geben Sie Ihrem Verhandlungspartner Anerkennung für seine Position, weil Sie ihm um Rat fragen. Sie vertrauen auf seinen Sachverstand und sein Wissen. Gleichzeitig ist es der ideale Einstieg in ein flüssiges Gespräch, weil seine Gedanken wieder am Laufen sind. In der Verhandlung mit einem Geiselnehmer wäre es wohl zu viel der Anerkennung, in den meisten anderen Verhandlungen ergibt sich so aber eine Wende in der Argumentation.

Falls Ihnen der Verhandlungspartner gedroht hat, dann fragen Sie sich, wie Sie seiner Meinung nach reagieren werden, wenn er seine Drohung verwirklicht. Führen sie ihm mithilfe von Fragen vor Augen, dass Sie seiner Drohung nicht so schutzlos ausgeliefert sind, wie er vielleicht meint und dass Ihr natürlicher Gegenzug zu einem Patt und zu beiderseitigen Verlusten führen würde. Machen Sie ihm klar, dass seine Drohung auf ihn zurückschlagen würde.

Gewinnen Sie nicht gegen ihn, gewinnen Sie ihn für sich

Wenn Sie eine Drohung aussprechen, machen Sie sich Ihren Verhandlungspartner zum Gegner. Seine Aktionen sind gegen Sie gerichtet, Ihre Aktionen sind gegen ihn gerichtet.

Mit einer Drohung machen Sie aus Ihrem Verhandlungspartner einen Gegner.

Nachdem Ihr Ziel eine zufrieden stellende Vereinbarung ist, benötigen Sie den Verhandlungspartner auch weiterhin als Partner. Sie müssen Ihn jetzt für sich gewinnen.

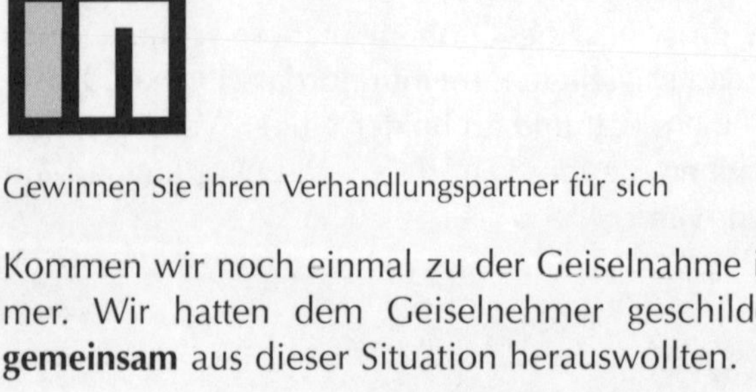

Gewinnen Sie ihren Verhandlungspartner für sich

Kommen wir noch einmal zu der Geiselnahme im Wohnzimmer. Wir hatten dem Geiselnehmer geschildert, dass wir **gemeinsam** aus dieser Situation herauswollten.

Eine Warnung wäre so formuliert: »Herr Nehmer, wir haben uns vorher geeinigt, dass wir keine Gewalt anwenden wollen. Wir haben Ihnen versprochen, dass wir beim Staatsanwalt ein gutes Wort für Sie einlegen werden. Wenn wir kein Zeichen der Entwarnung nach draußen geben, dann wird die Einsatzleitung die nächsten Schritte anordnen. Und das wird die Erstürmung Ihrer Wohnung durch ein Sondereinsatzkommando sein.«

Eine Drohung wäre so formuliert: »Herr Nehmer, wir haben Sie jetzt wiederholt aufgefordert, die Geiselnahme aufzugeben. Wenn Sie nicht sofort aufgeben, dann werden wir die Scharfschützen anfunken.«

Bei der Warnung wird er über die Folgen nachdenken, bei der Drohung wird er die Gegenposition beziehen und reagieren wie: »Wenn Sie ... dann werde ich ...«

Bei einer Preisverhandlung kann ebenfalls eine Warnung seitens des Verkäufers formuliert werden: »... dann wird mein Verkaufsleiter unsere Einigung nicht unterstützen und Sie können nicht einmal die bereits eingeräumten Rabatte erhalten.

Eine Drohung seitens des Kunden wird so formuliert sein: »Falls Sie den Preis nicht akzeptieren, werde ich persönlich Ihren Chef anrufen und fragen, ob diese Engstirnigkeit in Ihrem Unternehmen gefragt ist.«

Ihr Verhandlungspartner wird sich dann wahrscheinlich denken: »Für wen hält sich der denn eigentlich, dass er mir vorschreibt, wie ich meine Verhandlungen zu führen habe?« Er wird wütend und wird Sie fortan als Gegner betrachten.

Meine Verhandlungstipps:

- Sprechen Sie nie eine Drohung aus.
- Warnen Sie Ihren Verhandlungspartner und gewinnen Sie ihn dadurch für den gemeinsamen Weg zu einer zufrieden stellenden Vereinbarung.

Demonstrieren Sie Ihre Entschlossenheit

Ihre Warnung wird ignoriert

Was aber, wenn Ihre Warnung ignoriert wird? Es kann sein, dass Ihr Verhandlungspartner der Warnung keinen Glauben schenkt. Deshalb müssen Sie ihm die Glaubwürdigkeit einer Warnung immer bildhaft vor Augen führen. Diese deutliche Demonstration zeigt ihm, was Sie vorhaben, ohne es tatsächlich zu tun.

Bei polizeilichen Einsätzen werden diese Demonstrationen von Stärke wohl dosiert. Die Überlegungen der Einsatzleitung beziehen alle Details wie Kleidung und Ausrüstung der Polizeibeamten mit ein. So kann polizeiliche Macht anhand der Uniform analysiert werden. Bei friedlichen Einsätzen treten Polizeibeamte meist in »normaler« Uniform an. Waffen wie Pistolen und Schlagstöcke werden verdeckt getragen, damit das polizeiliche Gegenüber nicht unnötig provoziert wird. Die Polizeiautos werden so geparkt, dass keine geballte Polizeipräsenz zu erkennen ist. Umgekehrt kann durch die Kleidung und Ausrüstung auch sehr viel Macht und Entschlossenheit demonstriert werden. Olivgrüne Kampfanzüge, Gesichtsmasken oder Schutzhelme und offen getragene Waffen zeigen in aller Deutlichkeit, dass die Polizei nicht zum Spaß da ist. Die Autos werden so geparkt, dass Stärke durch die Masse der eingesetzten Beamten demonstriert wird. Wenn dann noch ein Hubschrauber in geringer Flughöhe über dem Einsatzort kreist, dann wird auch dem Letzten klar, dass die Polizei zu allem entschlossen ist.

Jetzt kann die Warnung völlig ohne Worte auskommen. Aus zahlreichen Fernsehsendungen wissen wir ja schließlich, dass diese Masken nur von Scharfschützen getragen werden.

Diese Demonstration der Stärke unterstreicht die Glaubwürdigkeit der Warnung. Es heißt nicht, dass die Stärke auch eingesetzt wird.

Wenn Sie berechtigte Geldforderungen haben, dann haben Sie es mitunter sehr schwer, dieses Geld zu bekommen. Nachdem Sie alle Mahnungen geschrieben und den Rechtsanwalt eingeschaltet haben, werden Sie feststellen, dass es noch Jahre dauern kann, bis Sie Ihr Geld bekommen. Eine Agentur in Deutschland unterstützt Sie mit einem ungewöhnlichem Mittel, wenn Sie Ihr Geld eintreiben wollen.

Diese Agentur sorgt dafür, dass ein junger Mann im schwarzen Anzug und mit großem schwarzem Zylinder den Schuldner begleitet. Der schwarze Mann geht immer wenige Meter hinter dem Schuldner, bleibt stehen, wenn der Schuldner stehen bleibt und bleibt vor der Haustüre stehen, wenn der Schuldner ein Gebäude betritt. Somit ist dem Schuldner die Aufmerksamkeit der Bevölkerung sicher. Und genau das möchte er vermeiden.

Wenn Sie Geldforderungen haben, dann warnen Sie doch Ihren Schuldner:

»Wir haben damals vereinbart, dass Rechnungen innerhalb eines Monats beglichen werden. Da ich auch weiterhin mit Ihnen zusammenarbeiten möchte, ist es mir wichtig, dass wir uns an die Vereinbarungen halten. Damit wir beide in Zukunft zusammenarbeiten können, müssen Sie die längst fälligen Rechnungen bis nächste Woche bezahlen. Ansonsten wird Sie der schwarze Mann mit Zylinder begleiten.«

Wenn sich Ihr Verhandlungspartner nach einer Warnung immer noch weigert einzulenken, dann werden Sie zur Tat schreiten müssen.

Machen Sie Ihre Warnung wahr

Sie müssen Ihrem Verhandlungspartner unmissverständlich zeigen, dass er nicht einseitig gewinnen kann und dass es tatsächlich in seinem Interesse liegt, zur Verhandlung zurückzukehren. Das Ziel ist also immer noch, eine zufrieden stellende Vereinbarung zu erreichen. Sie sollten deshalb Ihre Mittel nur so lange zur Anwendung bringen, bis Sie Ihr Ziel erreichen – nicht um zu siegen.

Sollte Ihr Schuldner nicht bezahlen, müssen Sie natürlich Ihre Warnung wahrmachen. Der schwarze Mann muss also wirklich auftauchen. Lassen Sie den schwarzen Mann am ersten Tag nur kurz in Erscheinung treten, damit Ihr Verhandlungspartner nicht komplett brüskiert wird. Sollte er dann immer noch nicht bezahlen, können Sie den schwarzen Mann natürlich den ganzen Tag und den ganzen Abend einsetzen.

Jede Aktion, die Sie jetzt starten, führt zu einer Reaktion. Je aggressiver Ihre Methoden sind, desto erbitterter ist Ihr Verhandlungspartner. Das hat zur Folge, dass sich der Widerstand verhärtet, den Sie zu überwinden suchen.

Üben Sie Zurückhaltung und bedenken Sie immer als oberstes Gebot, dass Sie nicht gewinnen, sondern eine zufrieden stellende Vereinbarung aushandeln möchten.

Auch in dieser Situation gilt: Treiben Sie Ihren Verhandlungspartner nie in eine Ecke. Ein in die Ecke getriebener Gegner ist äußerst gefährlich. Er wird unüberlegt und irrational handeln. Lassen Sie ihm zu jeder Zeit einen Ausweg, eine Brücke, über die er gehen kann.

Bieten Sie Ihrem Verhandlungspartner eine Möglichkeit zum Einlenken an

Baue deinem Gegner eine goldene Brücke, über die er sich zurückziehen kann.
SUN-TSU

Sollte Ihr Verhandlungspartner Ihre Entschlossenheit erkannt haben, dann zeugt es von Ihrer Professionalität, wenn Sie ihm eine »goldene Brücke« bauen. Hier geben Sie ihm die Gelegenheit zum Einlenken. Auf dieser Brücke darf es kein Triumphgeschrei geben. Er geht über die Brücke auf Sie zu und Sie haben die Möglichkeit, die weitere Richtung festzulegen.

Bei meinen Verhandlungen mit Suizidgefährdeten war diese »goldene Brücke« notwenig, um einen Ausweg aus dieser »ausweglosen« Situation aufzuzeigen. Ein Suizidgefährdeter bringt sich durch seine klare Aussage, er werde sich das Leben nehmen, in eine schwierige Position. Wenn er seinen Selbstmordversuch abbricht, muss er in ärztliche Behandlung gebracht werden, ein weiterer Selbstmordversuch ist ständig zu befürchten. Es hat fast jeder Suizidgefährdete gewusst, dass er nach dem Selbstmordversuch in die »Klapsmühle« muss. Jetzt steht er da, beispielsweise auf dem Dach eines Hauses, und will springen. So ganz sicher ist er sich jedoch noch nicht, sonst wäre er ja bereits gesprungen. Wenn Sie jetzt mit ihm verhandeln, haben Sie zwei schlechte Möglichkeiten zur Auswahl: entweder er springt in den Tod oder er kommt in die »Klapsmühle«. Vor dem Gang dorthin kommt noch eine weitere Hürde: er muss vom Dach steigen und sich die Kommentare der Anwesenden, Schaulustigen und Pressevertretern anhören. Das ist dann wie ein Spießrutenlauf, als »Versager« und »Sprüchemacher«, wenn er durch die Menschenmenge zu einem Polizeiauto geführt wird. Zumindest für diese Hürde hatten wir eine Lösung anzubieten. Wir ver-

Wenn Ihr Verhandlungspartner Ihre Entschlossenheit erkannt hat, dürfen Sie nicht in Triumphgeschrei ausbrechen. Bieten Sie ihm einen Ausweg an, damit er ohne Gesichtsverlust einlenken kann.

sprachen dem Suizidgefährdeten, dass er heimlich eine Feuerwehruniform anziehen darf. Mit dieser Uniform kann er dann unerkannt zum Polizeiauto geführt werden. Diese Hürde war oft der entscheidende Schritt, um den Selbstmordversuch abzubrechen. Wir hatten ihm eine »goldene Brücke«, einen Ausweg aus dieser Situation geboten.

Bei meinen ersten Gehversuchen als junger Polizeibeamter in der Verhandlungspsychologie hat mich ein erfahrener Polizeipsychologe gecoacht. Er sagte mir: »Matthias, Du kannst jedes menschliche Handeln in zwei Bereiche einordnen: Gesichtswahrung und Gesichtsverlust. Denk bei all Deinen Gesprächen daran, dass der andere sein Gesicht wahren kann.« Er erzählte mir alte chinesische Weisheiten und von dem Grundsatz der fernöstlichen Verhandlungsführung, dass die Gesichtswahrung das wichtigste Elemente in der Verhandlung ist.

Als junger Streifenpolizist habe ich diesen Grundsatz ausprobiert. Selbst bei der kleinsten Verkehrskontrolle habe ich darauf geachtet, dass die kontrollierten Personen ihr Gesicht wahren konnten. Wenn beispielsweise ein Familienvater mit seiner Familie im Auto von uns kontrolliert wurde, dann ließen wir den Vater immer aussteigen. Wir baten ihn zu unserem Polizeifahrzeug und eröffneten ihm dort, warum er kontrolliert wurde. Selbst die Beanstandung von kleinen Ordnungswidrigkeiten wie zu schnelles Fahren mit einer Verwarnung von 50 Mark waren in Gegenwart der Familie eine Niederlage. Wenn dem Vater in Gegenwart seiner Familie die »Strafe« eröffnet wurde, dann musste er den starken Mann spielen. Er musste der Polizei zeigen, wie man mit einem Mann wie ihm umzugehen hat. Die Mitteilung über die »Strafe« außerhalb des Blickfelds der Familie ließ den meisten die Möglichkeit, das Gesicht zu wahren. Wenn er dann zu seiner Familie zurückging, konnte er sagen, was er für richtig hielt. Mit dieser einfachen Gesprächsstrategie gab es keine Probleme und keine Widerstände.

Eine goldene Brücke sollten Sie so konstruieren, dass auf der anderen Seite die zufrieden stellende Vereinbarung steht. Die Brücke sollte aber zugleich so eng gebaut sein, dass der Gegner nicht mehr ausweichen und jetzt auch nicht mehr entscheiden kann, ob er noch einmal umkehren möchte. Das Beste ist, sie bauen gleich eine Rolltreppe auf diese Brücke, die ihn automatisch und schnell auf die andere Seite bringt.

Wenn Ihr Verhandlungspartner die Brücke nicht betritt:

Nehmen wir einmal an, Sie haben Ihrem Verhandlungspartner eine Brücke angeboten und er hat sie nicht genutzt. Was nun?

Jetzt müssen Sie Ihrem Verhandlungspartner zeigen, dass Sie nicht geblufft haben

Jetzt müssen Sie alle angekündigten Aktionen durchsetzen. Wenn Sie jetzt einen Rückzieher machen, dann werden Sie Ihr Gesicht verlieren und sich lächerlich machen.

Sie werden zur Durchsetzung Ihrer angekündigten Aktionen Ihre Macht einsetzen. Diese Machtausübung ist wichtig, um Ihrem Verhandlungspartner zu zeigen, dass Sie es sehr ernst meinen.

Aber Achtung: Gefühle wie »Und jetzt erst recht!« werden wohl Ihr weiteres Handeln bestimmen. Sie legen die Verhandlungsziele beiseite und ziehen in den Krieg. Die Ehefrau reicht die Scheidung ein, der Kontakt zum Kunden wird abgebrochen und der Chef wird beschimpft. Sie versuchen mit aller Macht, den Verhandlungspartner in die Knie zu zwingen, damit er Ihre Position annimmt. Er wird sie aber nicht annehmen.

Achten Sie bitte in diesem Stadium der Verhandlung darauf, dass Sie die Macht bewusst als eine Taktik zur Zielerreichung einsetzen. Schießen Sie deshalb nicht über Ihr Ziel hinaus, Sie wollen Ihren Verhandlungspartner zu einer Übereinkunft bewegen und ihn nicht besiegen.

Wenn Sie zu viel Macht und Aggressivität zeigen, wird Ihr Verhandlungspartner Widerstand entgegensetzen und selbst einen Angriff einläuten. Er wird sich jetzt noch tiefer hinter seiner Position verschanzen, weil Sie ihn noch wütender gemacht haben und diese Wut gibt ihm neue Kraft. Das Angriffstier in ihm wird alles versuchen, um es Ihnen heimzuzahlen. Wenn Sie das nicht glauben, dann denken Sie an die typischen Scheidungsprozesse. Der viel zitierte Rosenkrieg macht frühere Geliebte zu erbitterten Gegnern. Immer wenn eine neue Aggression hinzukommt, wird diese vom Partner erwidert. Aggression provoziert Aggression. Sprechen Sie mit frisch geschiedenen Bekannten oder Freunden und achten Sie dabei auf deren Gefühle; mit welchem verletzten Stolz, Ärger, Wut oder Hass sie voneinander sprechen. Kaum zu glauben, dass die jetzt so zerstrittenen Partner Jahre oder Jahrzehnte gemeinsam gelebt haben.

Setzen Sie Ihre Macht konstruktiv ein

Normalerweise wird Macht destruktiv eingesetzt. Wenn Ihr Verhandlungspartner einen Schlag gegen Sie führt, dann wollen Sie ihn natürlich bestrafen. Und je mehr Sie in diesen Kampf an Zeit, Energie und Geld investieren, desto mehr möchten Sie zurückbekommen. Der andere soll schließlich dafür bluten, dass er Sie so bekämpft.

Sie bemerken natürlich, dass in dieser Phase mit Zuhören und Verständnis zeigen nicht mehr viel los ist. Allerdings laufen Sie dabei Gefahr, all Ihr Verhandlungsgeschick in einem einzigen Ausbruch über Bord zu werfen.

Der größte Fehler besteht darin, die Macht von der Verhandlung als solcher zu trennen. Um es Ihrem Verhandlungspartner zu erschweren, »nein« zu sagen und es ihm gleichzeitig zu erleichtern, »ja« zu sagen, sollten Sie das Gegenteil tun: Behandeln Sie die Ausübung von Macht als integralen Bestandteil der Verhandlung. Ihr Ziel sollte beiderseitige Zufriedenheit sein und bleiben. Sie sollten ihre Macht einsetzen, um einen widerstrebenden Kontrahenten zu einer ausgehandelten Übereinkunft zu bewegen, nicht, um einen Sieg über ihn zu erringen.

> Während des Balkankrieges wurde die militärische Macht der UN als integraler Bestandteil der Verhandlungsstrategie eingesetzt. Es wurde nur solange gegen dic jugoslawische Armee gekämpft, bis diese wieder an den Verhandlungen teilnahm. Sobald die jugoslawische Führung die Vereinbarungen nicht einhielten, wurde die militärische Macht wieder gezeigt. Jedoch immer im Rahmen der Strategie, nie, um die andere Seite zu vernichten.

Sie sollten auch in dieser Situation ihre Verhandlungslinie weiterverfolgen und sie nicht zugunsten des Machtspiels aufgeben. Das Ziel sollte bleiben, wie den Positionen beider Seiten genügt werden kann, einschließlich Ihres gemeinsamen Interesses, die schmerzhaften Konsequenzen eines gescheiterten Einigungsprozesses zu vermeiden. Ihre Einstellung sollte auch weiterhin die eines respektvollen Beraters sein, nicht die eines Gegners. Betrachten Sie den anderen nicht als ihren Feind, sondern als einen Verhandlungspartner, der sich ein anderes Bild von der Situation gemacht hat. Dieses Bild hat er aufgrund seines subjektiven Blickwinkels gesehen. Er hat sein Bild, Sie haben Ihr Bild.

Je mehr Macht Sie jetzt anwenden, desto größere Mühe wird es Sie auch kosten, den Widerstand abzubauen, der durch Ihren Machteinsatz entstanden ist. Je stärker Sie Ihren Verhandlungspartner nun in die Knie zwingen, desto schwieriger wird eine Zusammenarbeit in der Zukunft. Sie können natürlich all Ihre Macht und Aggression einbringen. Die Frage ist, ob sich die Vorgehensweise langfristig lohnt.

Benutzen Sie deshalb Ihre Macht nicht dazu, um ihn zu bekämpfen, sondern um ihm die Augen zu öffnen.

> Denken Sie nochmals an die »Selbstmord-Geiselnahme«. Wir hatten dem Geiselnehmer gesagt, dass er nicht gewinnen kann. Er dachte in seiner Sichtweise, vielleicht ausgelöst durch Krimis oder Ähnliches, dass Geiselnehmer freies Geleit bekämen. Meine Aufgabe war es deshalb, ihm diese Illusion zu nehmen, nicht indem ich ihm drohte, sondern indem ich ihm die Situation aus meiner Sicht schilderte. Und in meiner Sichtweise konnte ich keinen Sieg für ihn erkennen, im Gegenteil, es sah sehr schlecht für ihn aus.

Bringen Sie dem Verhandlungspartner die Folgen und die Kosten eines Scheiterns bei. Ihr Verhandlungspartner steht dann vor der Entscheidung, bei seiner Position zu bleiben oder Ihre Brücke zu betreten.

Wenn Ihr Verhandlungspartner die Brücke betritt:

Ihr Gegner wird die Brücke gerne betreten, wenn er die Vorteile und Nachteile des Betretens abgewogen hat und zu dem Entschluss gekommen ist, dass die Vorteile für ihn überwiegen. Der Nutzen des Betretens sollte deshalb als großes Schild gut sichtbar auf der anderen Seite aushängen. Kommunizieren Sie ihm nach dem Betreten der Brücke den Nutzen der

Vereinbarung. Bestätigen Sie ihm die Richtigkeit seiner klugen Entscheidung und unterstützen Sie ihn bei seinen nächsten Schritten.

Zeigen Sie nie ein Gewinnerlächeln

Jetzt darf es kein arrogantes Gewinnerlächeln geben. Freude ja – über die gemeinsame Übereinkunft. Jedoch kein Gefühl des Sieges über den zerschmetterten Feind. Wenn Sie sich auch als Sieger fühlen: Üben Sie bitte dennoch allergrößte Zurückhaltung. Wer hier Arroganz versprüht, der bereitet den Boden für den nächsten Konflikt.

Die Historiker sind sich einig, dass der Versailler Vertrag nach dem Ersten Weltkrieg der Startschuss für den Zweiten Weltkrieg war. Die Arroganz der Sieger und die übertriebenen Forderungen waren der Nährboden für den nächsten Konflikt. Die Parole der Nazis, »den Vertrag von Versailles zu zerreißen«, wurde von den gedemütigten Deutschen unterstützt. Die Folgen sind bekannt.

Durch arrogantes Verhalten wird nicht nur der Widerstand Ihres Verhandlungspartners wachsen, er wird sich auch nicht an die Vereinbarung halten und versuchen, sie bei der erstbesten Gelegenheit zu unterlaufen. Eine aufgezwungene Lösung ist immer eine instabile Lösung.

Benjamin Disraeli, ein englischer Premier, riet seinen Diplomaten: »Das Wichtigste ist zu wissen, wann man einen Vorteil nutzen muss; das Zweitwichtigste ist zu wissen, wann man auf einen Vorteil verzichten sollte.« Denken Sie bitte immer an dieses oberste Gebot: Sie möchten eine zufrieden stellende Vereinbarung erreichen und keinen Sieg.

Meine Verhandlungstipps:

- Zeigen Sie Stärke und Entschlossenheit.
- Falls Ihr Verhandlungspartner nicht einlenkt, machen Sie Ihre Warnung wahr.
- Lassen Sie immer eine Hintertür offen, über die sich Ihr Verhandlungspartner zurückziehen kann, ohne sein Gesicht zu verlieren.
- Denken Sie immer an Ihr Ziel: Sie möchten eine zufriedenstellende Vereinbarung und keinen Sieg.
- Zeigen Sie deutlich auf, wo Sie Ihre Grenzen sehen.
- Drohen Sie nicht, die Aggressionen bringen Sie nicht ans Ziel.
- **Der Verhandlungstipp für den Grenzbereich:** Warnen Sie und zeigen Sie die Folgen des Scheiterns auf.
- Behandeln Sie Ihren Verhandlungspartner mit Respekt.
- Benutzen Sie Ihre Macht, um Ihren Verhandlungspartner zum Einlenken auf das gemeinsame Ziel zu bewegen.
- Überzeugen Sie Ihren Verhandlungspartner, dass er nicht gewinnen kann.
- Zeigen Sie ihm die Konsequenzen auf. Die Konsequenzen müssen vorstellbar sein.
- Fragen Sie die Folgen des Scheiterns ab.
- Bauen Sie eine goldene Brücke.
- Verzichten Sie auf Triumphgeschrei, wenn Ihr Verhandlungspartner diese Brücke betritt.
- Geben Sie Ihrem Verhandlungspartner die Möglichkeit, sein Gesicht zu wahren.

Gesetz 7:

Sorgen Sie für die Einhaltung der Vereinbarung

Denken ist leicht, handeln schwierig. Gedanken in die Tat umzusetzen, ist das schwierigste der Welt GOETHE

Gratulation! Sie haben zusammen mit Ihrem Verhandlungspartner eine zufrieden stellende Vereinbarung erreicht. Jetzt gilt es, die Einhaltung der Vereinbarung zu sichern:

- Vertrauen ist gut, Kontrolle ist besser
- Einen detaillierten Handlungsplan erstellen
- Einen »feierlichen« Abschluss inszenieren
- Die Bestätigung für die Richtigkeit der Entscheidung geben

Nach der Unterzeichnung: Vertrauen ist gut, Kontrolle ist besser

Halten Sie in der Vereinbarung genau fest, wer was zu tun hat und welche Folgen es haben wird, wenn diese Vereinbarung nicht eingehalten wird.

Vielleicht wird Ihr Verhandlungspartner versuchen, diese Formulierungen zu umgehen, indem er auf seine Glaubwürdigkeit verweist. Formulierung wie »Mir können Sie doch vertrauen«, haben Sie sicherlich schon oft gehört. Diese Formulierung ist deshalb so raffiniert, weil Sie als Person angestachelt werden. Wenn Sie diese Antwort verneinen, fahren Sie damit die gesamte Vereinbarung gegen die Wand. Wenn Sie diese Antwort bejahen, dann hebeln Sie die von Ihnen geforderte Kontrolle gleich wieder aus.

Deshalb ist es wichtig, die Beantwortung dieser Frage von Ihrer Person wegzulenken. Eine Antwort wie »Natürlich vertrauen wir Ihnen!« ist in solchen Situationen sinnvoll. Dann können Sie die Verantwortung auf eine andere, übergeordnete Stelle weitergeben. Sie wissen ja mittlerweile um die Wichtigkeit der höheren Instanz. So können Sie auf Ihren Chef oder Ihre Anwälte verweisen. »Natürlich vertraue ich Ihnen. Wie bereits erwähnt, bin ich nicht allein im Unternehmen und ich bin verpflichtet, die Anwälte der Rechtsabteilung mit einzubeziehen. Deshalb werde ich unsere Vereinbarung aus Gründen der Unternehmenshierarchie, nicht wegen des fehlenden Vertrauens, an die Rechtsabteilung weitergeben.« Stellen Sie den ganzen Vorgang als eine Art Automatismus dar.

Die Vereinbarung detailliert festhalten, damit es keinen Raum für Interpretationen gibt

Leider kommt es oft vor, dass Vereinbarungen nicht klar konkretisiert werden. Es weiß keiner der Verhandlungspartner *genau,* was er zu tun oder zu lassen hat. Sie stellen dann fest, dass Sie und Ihr Verhandlungspartner dieselben Ergebnisse unterschiedlich interpretieren. Daraus entstehen dann Vorwürfe, dass es der jeweilige andere Verhandlungspartner doch nicht so ehrlich gemeint hat.

Dieses Problem können Sie ganz einfach vermeiden: Ziehen Sie eine mündliche und eine schriftliche Bilanz nach der Verhandlung: »Damit wir die Ergebnisse in der gleichen Weise interpretieren, wiederholen wir am besten die besprochenen Punkte nochmals.« Sagen Sie auch gleich dazu, dass Sie eine schriftliche Zusammenfassung der besprochenen Punkte nachreichen werden.

Die beste Möglichkeit, um Unstimmigkeiten zu vermeiden ist es, die schriftliche Bilanz gleich im Anschluss an die Verhandlung zu unterzeichnen. Führen Sie die besprochenen Punkte nochmals detailliert auf und lassen Sie diese Zusammenfassung von allen Beteiligten abzeichnen. Bedenken Sie die Gruppenstruktur und geben Sie das Schriftstück dem Alpha. Wenn der unterschreibt, werden auch die anderen Teilnehmer unterschreiben.

Auch wenn Sie keine schriftliche Bilanz in Aussicht gestellt haben, können Sie zu Ihrer Sicherheit diese Zusammenfassung unaufgefordert zusenden.

Damit Sie eine Bestätigung der Zusammenfassung erhalten, sollten Sie einen Zusatz anbringen: »Diese Punkte wurden im Anschluss an die Verhandlung schriftlich festgehalten. Wenn Sie bis zum … nicht schriftlich widersprechen, gehe ich davon aus, dass Sie diesen Formulierungen zustimmen.« Wenn jetzt keiner der Teilnehmer widerruft, kann sich keiner später aus der Verantwortung stehlen. Ausreden wie »Wenn ich das gewusst hätte!«, können Sie dann getrost überhören.

Beugen Sie einem »wenn ich das gewusst hätte« vor

Schriftliche Formulierungen für die Vereinbarung

Eine Vereinbarung ist das Papier nicht wert, auf dem sie geschrieben steht, wenn sie nicht umgesetzt wird. Sorgen Sie deshalb bereits bei der Formulierung der Vereinbarung für die folgenden Bausteine:

- Formulieren Sie die Vereinbarung so, dass Sie keine Vorleistungen zu erbringen brauchen. Erst wenn Ihr Verhandlungspartner beweist, dass er die vereinbarten Punkte auch einhält, erbringen Sie Ihre Leistung. Vertrauen Sie nicht auf Worte, sondern auf Taten.

- Lassen Sie sich durch die Taten des Verhandlungspartners überzeugen und nicht durch Beteuerungen blenden oder täuschen. Wenn Sie sicher sind, dass Ihre Leistung bezahlt wird, nicht wenn Sie es glauben, setzen Sie die Vereinbarung in die Praxis um. Nehmen Sie beispielsweise von Ihrem Verhandlungspartner zu leistende Anzahlungen in den Vertrag mit auf.

Verhandlungspartner fühlen sich nur dann an eine Vereinbarung gebunden, wenn Sie das Gefühl haben, dass sie das Ergebnis selbst mitbestimmt haben. Deshalb dürfen Sie in dieser Phase keinen Druck ausüben, sondern müssen mit Geduld auf seine Entscheidung warten. Um ihn nicht zu drängen, müssen Sie jetzt das Tempo aus der Verhandlung herausnehmen. Ihr Verhandlungspartner braucht jetzt Zeit, um noch einmal seine Gedanken zu ordnen. Geben Sie ihm die Zeit und geben Sie ihm die Gelegenheit, sein Gesicht zu wahren. Gehen Sie einen Schritt zurück und warten Sie ab. Damit die Vereinbarung dauerhaft ist, muss die Entscheidung bei ihm liegen.

Meine Erfahrung hat gezeigt, dass Verhandlungspartner in dieser Situation mit einer geringfügigen Forderung zurückkommen. Sie leiten die Forderung ein »Ich stimme zu, wenn …« und dann folgt eine Forderung, die den Namen Forderung schon nicht mehr verdient. Es ist schlichtweg ein Zeichen, dass sie ihr Gesicht wahren wollen und deshalb noch etwas erreichen möchten. Geben Sie diese Zustimmung und Sie haben eine dauerhafte Vereinbarung erreicht.

Ich habe es ebenfalls oft erlebt, dass bei Verhandlungen am Ende noch über kleine, unbedeutende Details gestritten wird. Die Wichtigkeit steht in keinem Verhältnis zu der Gefahr des Scheiterns in der entscheidenden Phase.

Seien Sie deshalb zu Beginn und in der Mitte der Verhandlung eher streng mit Zugeständnissen. Am Ende können Sie dann großzügig von Ihrer Position abrücken. Sie geben so dem Verhandlungspartner das Gefühl, er hätte am Ende noch gepunktet. Mit dem Gefühl des Sieges schreitet er dann zur Vertragsunterzeichnung.

Lassen Sie Ihren Verhandlungspartner dann auch bei der Vertragsunterzeichnung wie einen Sieger aussehen. Loben Sie ihn für seine harte Verhandlungsführung und geben Sie ihm die Rückmeldung, dass er wirklich eine harte Nuss war. Seine Professionalität habe Sie wirklich beeindruckt.

Loben Sie Ihren Verhandlungspartner

Gestalten Sie die Unterzeichnung der Papiere »feierlich«, natürlich in einem entsprechenden Rahmen. Zeigen Sie Respekt, indem Sie dem Verhandlungspartner immer den Vortritt lassen. Reichen Sie einen Füller und keinen Plastikkugelschreiber. All diese »Kleinigkeiten« hinterlassen einen bleibenden Eindruck. Ein abschließendes Essen sollte selbstverständlich sein.

Bestätigen Sie Ihren Verhandlungspartner in der Richtigkeit der Vereinbarung

Ihr Verhandlungspartner wird seine Zustimmung zu dieser Vereinbarung mehrfach rechtfertigen müssen. Einmal sich selbst gegenüber und ein zweites Mal gegenüber seinem sozialem Umfeld.

> Sie kennen dieses Rechtfertigungsgefühl selbst, wenn Sie etwas eingekauft haben, was nicht unbedingt lebensnotwendig war, beispielsweise eine neue Jacke. Nachdem Sie die Jacke bezahlt haben, werden Sie für sich selbst Gründe aufführen, warum gerade diese Jacke so wichtig ist. Wenn Sie dann selbst von der Richtigkeit überzeugt sind, werden Sie Ihr soziales Umfeld von der Richtigkeit überzeugen. Dabei spielt es keine Rolle, ob Ihr soziales Umfeld, beispielsweise Ihr Ehepartner, nach den Gründen für den Kauf fragt.

Geben Sie Ihrem Verhandlungspartner deshalb eine Rechtfertigung an die Hand, damit er sich wirklich sicher ist, die richtige Entscheidung getroffen zu haben. Sagen Sie ihm: »Ich bin mir sicher, dass Sie mit dieser Vereinbarung … erreichen werden.« Zusätzlich ist es wichtig, ihm eine Bestätigung für sein soziales Umfeld mitzugeben: »Ich bin mir sicher, dass Ihr Geschäftsführer diese Vereinbarung als Erfolg für das Unternehmen sieht, weil …«

Meine Verhandlungstipps:

- Vertrauen ist gut, Kontrolle ist besser.
- Halten Sie alle Vereinbarungen detailliert fest, damit es keinen Raum für Interpretationen gibt.
- Formulieren Sie die Vereinbarung so, dass Sie keine Vorleistungen zu erbringen haben.
- Glauben Sie den Taten, nicht den Worten.
- Loben Sie Ihren Verhandlungspartner für dessen professionellen Verhandlungsstil.
- Gestalten Sie eine Vertragsunterzeichnung feierlich.
- Bestätigen Sie Ihren Verhandlungspartner in der Richtigkeit seiner Entscheidung.

Epilog

Unser größter Sieg besteht nicht darin, niemals zu fallen, sondern darin, immer wieder aufzustehen. KONFUZIUS

Ich schulde Ihnen noch die Auflösung der »Selbstmord-Geiselnahme«: der Geiselnehmer hat aufgegeben. Er sah die Folgen für sich und seine Frau und hat die »goldene Brücke« betreten. Es gab keinen Widerstand bei der Festnahme, er hat einfach aufgegeben. Er wurde nach der Festnahme in das Bezirkskrankenhaus gebracht, Suizidgefährdete werden nach einem Suizidversuch immer in ärztliche Behandlung gegeben. Ich weiß nicht, was aus ihm geworden ist.

Die meisten meiner Verhandlungspartner bei polizeilichen Einsätzen habe ich nie wieder gesehen. Ich habe auch keine Angst vor einem Wiedersehen, weil ich alle fair behandelt habe. Das heißt nicht, dass ich alles richtig gemacht habe. Natürlich habe auch ich meine Fehler begangen, habe manchmal reagiert statt agiert oder die falsche Taktik angewandt.

Auch nach der Lektüre dieses Buches werden Sie noch Fehler in der Verhandlungsführung machen, jedoch werden Sie mit einer größeren Auswahl an »Werkzeugen« und einer größeren Sicherheit an die schwierigen Verhandlungen gehen. Getreu dem oben angeführten Motto von Konfuzius sollten Sie die schwierigen Verhandlungen angehen. Auch wenn es schwierig wird, weiter zu verhandeln, zwischendurch hinzufallen, aber immer wieder aufzustehen. Mit jeder Verhandlung lernen Sie mehr und werden besser und sicherer.

Während meiner Zeit als Drogenfahnder hatte ich einen sehr guten und professionellen Dealer als »Gegner«. Manchmal gelang es uns, ihn zu überführen und festzunehmen. Dabei hat sich eine Art »sportlicher Wettkampf« zwischen uns eingestellt. Er wollte seine Geschäfte ungestört durchziehen, wir wollten ihn bei jedem Geschäft stören und festnehmen.

Als es ihm zu »heiß« wurde, zog er wieder in seine italienische Heimat. Ungefähr zur gleichen Zeit beendete ich meine Zeit bei der Drogenfahndung und begann das Studium.

Nach vielen Jahren traf ich ihn wieder in Deutschland in einer italienischen Bar. Wir tranken zusammen einen Cappuccino und redeten über unsere Erlebnisse mit der Drogenfahndung. Dabei machte er mir ein sehr schönes Kompliment. Er sagte, dass er in mir immer einen harten und auch sehr fairen Verhandlungspartner gesehen hat. Er wusste immer, dass er sich auf mich verlassen konnte und ich nicht mit fiesen Tricks arbeite.

Das ist der wichtigste Verhandlungstipp, den ich Ihnen mitgebe: Verhandeln Sie hart – und fair. Ich wünsche Ihnen dabei alles Gute.

Freising, im August 2001

Anmerkungen

[1] Roger Fischer, William Ury, Bruce M. Patton, *Das Harvard-Konzept. Sachgerecht verhandeln, erfolgreich verhandeln,* Frankfurt/Main 2000.

[2] Abraham H. Maslow, *Motivation und Persönlichkeit,* New York 1954.

[3] Raymond Saner, *Verhandlungstechnik,* Bern 1997.

[4] Friedemann Schulz von Thun, *Miteinander Reden 1 und 2, Allgemeine Psychologie der Kommunikation,* Hamburg 1981.

[5] P. R. Hofstätter, *Gruppendynamik, Die Kritik der Massenpsychologie,* Reinbek 1957.

Zusammenfassung und Arbeitshandbuch

Diese Zusammenfassung bietet Ihnen eine Übersicht über den gesamten Verhandlungsprozess mit allen wichtigen Verhandlungstipps. Sie können damit jede Verhandlung professionell vorbereiten oder sie während einer Verhandlung als Nachschlagewerk benutzen.

Anhand des Fragenkatalogs ist es Ihnen möglich, eine detaillierte Analyse Ihres eigenen Verhaltens und des Verhaltens des Verhandlungspartners durchzuführen. Zusätzlich können Sie Ihr Verhandlungsziel, die Verhandlungsstrategie und die dazugehörigen Taktiken ausarbeiten. Ich empfehle Ihnen, alle Fragen, die mit einem Pfeil gekennzeichnet sind, auf einem separaten Blatt Papier zu beantworten, um sich in der Vorbereitung über alle Verhandlungsprozesse bewusst zu werden.

Die Guide-Line stellt den gesamten Verhandlungsprozess grafisch dar. Sie können daraus ersehen, wie Sie vorgehen sollten, wenn Ihr Verhandlungspartner nicht konstruktiv mitarbeitet. Mit jeder Weigerung seitens des Verhandlungspartners müssen Sie eine Stufe härter werden. Härter, damit Ihr Verhandlungspartner erkennt, dass er nicht einseitig gewinnen kann.

Sollte der Verhandlungspartner auf einer Stufe einlenken, dann können Sie jederzeit zu einer zufrieden stellenden Vereinbarung übergehen.

Machen Sie Ihre Warnung wahr und bauen Sie eine Brücke: → Vereinbarung und **7. langfristige Sicherung der Vereinbarung**

↑

Verhandlungspartner lenkt nicht ein

↑

6. Brechen sie den Widerstand – Warnen Sie → Vereinbarung

↑

Verhandlungspartner lenkt nicht ein

↑

5. Zeigen Sie Ihre Macht → Vereinbarung

↑

Verhandlungspartner lenkt nicht ein

4. Agieren statt Reagieren – Übernehmen Sie die Führung

Übergeben Sie das Problem → Vereinbarung

↑

Verhandlungspartner wird aggressiv → Vereinbarung

↑

3. Überzeugen mit den richtigen Argumenten

Welche Argumente werden Sie einsetzen?

2. Strategie und Taktik

Welche Ziele haben Sie und Ihr Verhandlungspartner?

Welche Strategie haben Sie und Ihr Verhandlungspartner?

Welche Taktik haben Sie und Ihr Verhandlungspartner?

1. Analysieren des Verhandlungspartners vor und während der Verhandlung

Welche Positionen nimmt er ein?

Welche Motive stehen dahinter?

Analyse von Sprache und Körpersprache

Warum ist eine Verhandlung für Sie schwierig?

Die wichtige Frage, die Sie sich zu Beginn stellen sollten, ist: Warum ist diese Verhandlung für mich schwierig? Das Problem ist nämlich nicht die Differenz zwischen Positionen. Das Problem ist die Art und Weise, wie *Sie* damit umgehen! Wenn Sie sich über Ihr Verhalten bewusst werden möchten, bietet das **Verhandlungs-Drehbuch** eine Hilfestellung:

1. Beschreiben Sie kurz die Ausgangssituation der Verhandlung und denken Sie sich ein prägnantes Stichwort für die Situation aus.
2. Dieses Stichwort schreiben Sie als Titel der Tabelle auf.
3. Notieren Sie dann das Verhalten und die Äußerungen des Verhandlungspartners sowie Ihre eigenen Reaktionen möglichst detailliert in den dafür vorgesehenen Spalten. Am besten schreiben Sie den Dialog in wörtlicher Rede, damit Sie ein Drehbuch der Verhandlung erhalten.
4. Schreiben Sie dann in die rechte Spalte »Kommentare« Ihre Erkenntnisse, beispielsweise »habe mich hilflos gefühlt« oder »da war er überrascht«.
5. Füllen Sie nach jeder schwierigen Verhandlung dieses Blatt aus und ergänzen Sie Ihre neuen Erkenntnisse.
6. Mit dem Know-how, das Sie durch dieses Buch gewinnen, erhalten Sie dann Lösungen für viele schwierige Situationen.

1. Beschreiben der schwierigen Situation:

____

____

____

____

2. Stichwort für die Situation: ____________________

3. Drehbuch der Verhandlung:

Verhandlungspartner:	Mein Verhalten:	Kommentare:

Mit dem Verhandlungs-Drehbuch analysieren Sie, warum eine Verhandlung für Sie schwierig ist.

Mit diesem Verhandlungs-Drehbuch analysieren Sie Ihr Verhandlungsverhalten, um zu erkennen, welche Situationen für Sie schwierig sind und für welche Situationen Sie eine Lösung benötigen.

Meine Verhandlungstipps:

- Machen Sie es sich bei jeder schwierigen Verhandlung bewusst, warum gerade diese Verhandlung für Sie schwierig ist.
- Ergründen Sie an Ihrer Einstellung, welche Faktoren für diese subjektive Bewertung ursächlich sind.

Gesetz 1: Analysieren Sie Ihren Verhandlungspartner

Um die Verhandlung gut vorbereiten zu können, benötigen Sie Wissen über Ihren Verhandlungspartner, sein Unternehmen, seine Mitarbeiter und sein Umfeld. Wenn Sie eine schwierige Verhandlung erwarten, benötigen Sie mehr Wissen als Ihr Verhandlungspartner. Sie erhalten es durch eine gründliche Analyse, vor und während der Verhandlung.

Analyse des Verhandlungspartners vor der Verhandlung

Welche Positionen und welche Motive hat Ihr Verhandlungspartner?

Eine **Position** ist ein Standpunkt mit Forderungen und Behauptungen, den ein Verhandlungspartner nach außen vertritt.
→ Welche Position vertritt Ihr Verhandlungspartner?
→ Welche Forderungen richtet er an Sie?

Die Motive Ihres Verhandlungspartners sind – unabhängig von seiner Position – die Dinge, die er benötigt oder um die er sich Sorgen macht.
→ Welche Motive vermuten Sie hinter seinen Forderungen?

Konzentrieren Sie sich bei Ihrer Vorbereitung also nicht auf Positionen. Weder auf die des Verhandlungspartners, noch auf Ihre eigene. Wenn Sie Ihre Position im Kopf haben, werden Sie Forderungen und keine Motive formulieren. Forderungen beinhalten meist ein Limit. Sobald Ihr Verhandlungspartner von einer Forderung mit einem Limit hört, wird er seine Position noch stärker betonen und seinerseits ein Limit kommunizieren.

Checkliste zur Vorbereitung

Die Analyse dieser Motive erfordert ein strukturiertes und zielgerichtetes Vorgehen. Der folgende Fragebogen dient Ihnen als Unterstützung, alle Fragen haben sich in unzähligen Verhandlungsvorbereitungen bewährt. Sie sollten während der Vorbereitung folgende Fragen beantworten:

→ Welche Personen sind auf meiner Seite an dem Ergebnis interessiert?
→ Welche Personen sind auf der »anderen Seite« an dem Ergebnis interessiert?
→ Welche Motive habe ich?
→ Welche Motive wird die andere Seite haben? (siehe vorherige Frage)
→ Welche Motive haben die Personen, die an dem Ergebnis interessiert sind?
→ Warum habe ich diese Motive?
→ Warum hat der Verhandlungspartner diese Motive?
→ Welchen Nutzen erwartet mein Verhandlungspartner?
→ Welchen Nutzen kann ich ihm geben?
→ Wie kann ich den Nutzen für mich vergrößern?
→ Wie kann ich den Nutzen für den Verhandlungspartner vergrößern?
→ Was bin ich bereit aufzugeben?
→ Welchen Zeitrahmen habe ich für die Verhandlung?
→ Welche Fristen gibt es?
→ Welche formellen Voraussetzungen benötige ich für die Vereinbarung?

Welche Inhalte erwartet Ihr Verhandlungspartner?

Stellen Sie frühzeitig eine Liste mit den Inhalten zusammen, die Sie in der Verhandlung ansprechen möchten.

Welche Inhalte erwartet Ihr Verhandlungspartner?

Welche Fragen müssen beantwortet werden, damit die Vereinbarung umgesetzt werden kann?

Die Fragen spiegeln Ihre **Motive** und die Motive des Verhandlungspartners wider, nicht die **Positionen**. Lassen Sie nach der Sammlung dieser Fragen alle Punkte in eine Prioritätenliste einfließen. Was muss, was soll und was kann verhandelt werden?

Priorität 1 ______________________________

Priorität 2 ______________________________

Priorität 3 ______________________________

Priorität 4 ______________________________

Priorität 5 ______________________________

Manchmal ist es sinnvoll, dem Verhandlungspartner bereits vor einem persönlichen Treffen die Inhalte der Verhandlung mitzuteilen. Achten Sie dabei jedoch darauf, weder Positionen noch Ziele aufzuführen. Wenn Sie Ihre Ziele bekannt geben, hat Ihr Verhandlungspartner viel Zeit, diese Ziele zu analysieren und sich darauf einzustellen. Nennen Sie also nur die sachliche Beschreibung der Situation oder des Problems; nicht aber Ihre Position zu dieser Situation oder dem Problem. Sie können den Verhandlungspartner in Kenntnis der Inhalte setzen, Sie dürfen ihm aber auf gar keinen Fall einen Wissensvorsprung einräumen.

Bereiten Sie die Inhalte nach folgendem Schema vor:
→ Was will ich erreichen?
→ Was will mein Verhandlungspartner erreichen?
→ Welche Differenzen gibt es?
→ Welche Gemeinsamkeiten gibt es?
→ Wo ist ein Kompromiss möglich?
→ Wo ist kein Kompromiss möglich?
→ Was kann ich anbieten, was die andere Seite interessiert?

Meine Argumente:
→ Was spricht aus meiner Sicht dafür?
→ Was spricht aus meiner Sicht dagegen?

Seine Argumente:
→ Was spricht von Seiten des Verhandlungspartners dafür?
→ Was spricht von Seiten des Verhandlungspartners dagegen?

Beschaffen Sie sich die wichtigen Informationen

Da Sie Ihrem Verhandlungspartner nicht alles glauben werden und auch nicht glauben dürfen, sollten Sie sich alle notwendigen Informationen über andere Kanäle beschaffen.

Internet: Die Homepage des Verhandlungspartners oder seines Unternehmens bietet eine Menge Informationen. Buttons wie »Partner«, »Unser Team« oder »Wir über uns« führen in die Philosophie des Unternehmens ein. Hier erfahren Sie, was dem Unternehmen wirklich wichtig ist. Recherchieren Sie auch in verschiedenen Suchmaschinen nach dem Namen des Verhandlungspartners. Die gefundenen Begriffe verweisen unter anderem auf Veröffentlichungen, Kundenkontakt und Presseberichte. Hier finden Sie aktuelle Probleme und Zielsetzungen. Aufgrund der Veröffentlichungen und Presseberichte erkennen Sie die Positionierungen, die nach außen kommuniziert werden.

Von großem Nutzen wird es auch sein, wenn Sie sich den Newsletter des Unternehmens regelmäßig zusenden lassen.

Mitarbeiter befragen: Kennen Sie bereits Mitarbeiter Ihres neuen Verhandlungspartners? Wenn ja, dann rufen Sie doch einfach an und fragen nach den Informationen, die Sie noch benötigen. Wenn Sie niemanden im Unternehmen kennen, dann rufen Sie trotzdem einfach an. Sprechen Sie mit der Sekretärin Ihres Verhandlungspartners und erklären Sie ihr die Situation. Sie werden erstaunt sein, wie unkompliziert Ihr Wunsch nach Informationen behandelt wird.

Lassen Sie Ihren Verhandlungspartner beobachten

Zur Informationsgewinnung ist es auch möglich, den Verhandlungspartner beobachten zu lassen.

Wenn Sie diese Informationen »verdeckt« bekommen möchten, dann achten Sie bitte auf die rechtlichen Vorschriften. Zu Bild- oder Tonmitschnitten von Verhandlungen muss Ihr Verhandlungspartner sein Einverständnis erklären. Ansonsten machen Sie sich strafbar!

Meine Verhandlungstipps

→ Seien Sie auch außerhalb der Verhandlung sehr verschwiegen und geben Sie keine Informationen preis.
→ Lassen Sie keine Unterlagen mit wichtigen Informationen ohne Aufsicht herumliegen, es sei denn, Sie möchten Ihren Verhandlungspartner auf eine falsche Fährte locken.

Tipps für die Vorbereitung einer Verhandlung:

Bereiten Sie Ihre Unterlagen vor: Anhand der Professionalität Ihrer Unterlagen erkennt Ihr Verhandlungspartner, dass Sie optimal vorbereitet sind. Gestalten Sie sich eine Mappe mit dem Logo des Verhandlungspartners oder dessen Unterneh-

mens. Nehmen Sie Broschüren des anderen Unternehmens, Anschauungsmaterial und Beweise für Ihre Argumentation mit.
→ Welche Unterlagen sind für die Verhandlung sinnvoll?

Schaffen Sie eine positive Atmosphäre: »Je besser die Stimmung, desto besser die Zustimmung«, besagt ein alter Verhandlungsgrundsatz. Sorgen Sie dafür, dass sich Ihr Verhandlungspartner so richtig wohl fühlt. Die Auswahl des Essens und der Getränke ist dabei nicht zu unterschätzen.
→ Wo sollte die Verhandlung stattfinden?

Laden Sie die richtigen Personen zur Verhandlung ein: Laden Sie alle Personen ein, deren Anwesenheit Sie für sinnvoll erachten, um eine Vereinbarung in Ihrem Interesse zu erreichen
→ Diese Personen sollten an der Verhandlung teilnehmen:

Analyse des Verhandlungspartners während der Verhandlung

Setzen Sie das analytische Zuhören ein

Ein wichtiges Element der Verhandlungspsychologie ist das richtige **Verstehen** des Gesprächspartners. Nur wer richtig versteht, kann die richtige Strategie anwenden und den richtigen Nutzen kommunizieren.

Zuhören heißt, den anderen reden zu lassen und zu verstehen versuchen, warum er etwas sagt. Also konzentriert den Argumenten lauschen, ohne in diesem Moment die eigene Meinung ins Spiel zu bringen.

Bleiben Sie also während des Zuhörens bei der Aussage des Gesprächspartners und lassen Sie sich nicht durch Assoziationen ablenken. Analytisches Zuhören lässt sich erlernen.
Hören Sie so zu, als müssten Sie das Gesagte wiederholen. Sie

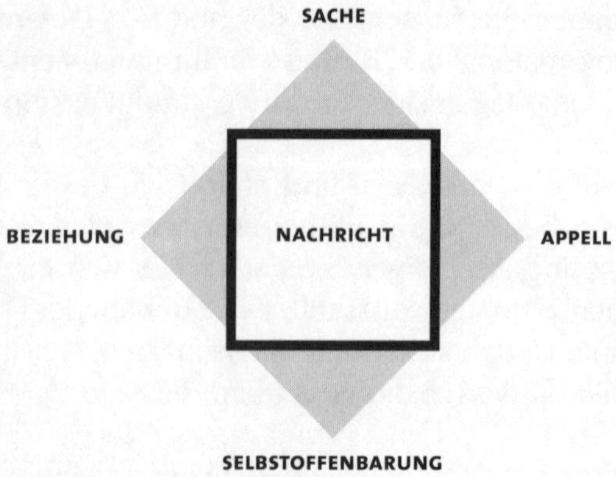

Das Nachrichtenquadrat nach Schulz von Thun.

können eine Wiederholung zum Beispiel mit »Wenn ich Sie richtig verstanden habe, dann …« einleiten. Holen Sie sich die Bestätigung, dass Sie richtig zugehört haben.

Analysieren Sie die Sprache Ihres Verhandlungspartners!

Analysieren Sie einen Satz, der Ihnen bei einer wichtigen Verhandlung in Erinnerung geblieben ist.

- **Sachebene:**

Die Sachebene bezieht sich immer auf eine Feststellung.
→ Welche sachliche Feststellung ist in dem Satz enthalten?

- **Appell:**

In jeder Äußerung ist ein Appell enthalten, eine Aufforderung, etwas zu tun oder zu unterlassen.
→ Welcher Appell ist in dem Satz enthalten?

- **Selbstoffenbarung**

Was sagt Ihr Verhandlungspartner über sich als Person aus?
→ Welche Selbstoffenbarung ist in dem Satz enthalten?

• **Beziehung:**
Diese Seite zeigt auf, wie die Gesprächspartner zueinander stehen, was sie voneinander halten.
→ In welcher Beziehung stehen Sie zu Ihrem Verhandlungspartner?
→ Sind Sie gleichberechtigt oder über- bzw. untergeordnet?

Bei der Analyse einer Aussage ist es wichtig, alle vier Seiten der Nachricht zu berücksichtigen. Sachebene und Appellebene sind relativ einfach zu erkennen, die Selbstoffenbarungs- und die Beziehungsebene erfordern höchste Aufmerksamkeit und Konzentration.
→ Welche Fragen werde ich stellen, um richtig analysieren zu können?

Ihr Verhandlungspartner wird Ihnen die Fragen beantworten, wenn Sie Ihre Fragen begründen können. Ohne Begründung kann es passieren, dass Ihre Analyse einen Ausfragecharakter bekommt. Ihr Verhandlungspartner fühlt sich »verhört« und blockt die Fragen ab. Deshalb sollten Sie bereits vor der ersten Frage eine Begründung für diese Analyse abgeben.

Verwenden Sie beispielsweise die Formulierung »Damit ich Sie richtig unterstützen kann, benötige ich ein klares Bild von ...« Jetzt weiß Ihr Gesprächspartner, dass Sie die Fragen zu seinem Nutzen stellen werden.

Motive werden deshalb nicht klar geäußert, weil sie von Ihrem Verhandlungspartner nicht klar erkannt werden. Es liegt jetzt wieder an Ihnen, diese Motive herauszustellen. Herauszustellen, indem Ihr Kunde die Motive nennt. Nicht Sie, auf gar keinen Fall dürfen Sie die Motive nennen.

Gehen Sie in der Analyse mit den folgenden Fragen vor:
→ Wie ist die derzeitige Situation?
→ Welche Ziele haben Sie sich gesetzt?
→ Welche Probleme stehen dem Ziel im Weg?

→ Angenommen, Sie würden das Ziel *nicht* in Angriff nehmen, was würde das für Sie bedeuten? (negative Implikation)
→ Angenommen, Sie würden das Ziel in Angriff nehmen, was würde das für Sie bedeuten? (positive Implikation)
→ Welchen Nutzen sehen Sie für sich in dieser von Ihnen geschilderten Lösung?

An dieser Stelle möchte ich Sie vor einem großen Fehler warnen: Sagen *nicht Sie*, was passiert, wenn er nichts unternimmt, sondern fragen *Sie ihn*. Wenn Sie ihm sagen, was passiert, dann klingt das wie eine Drohung. Nach der negativen folgt dann die positive Implikation. Nachdem Sie Ihren Verhandlungspartner in eine nachdenkliche Stimmung gebracht haben, müssen Sie die positive Stimmung wiederherstellen. Verstärken Sie diese Wünsche – also Motive – erneut durch Nachfragen.

Analysieren Sie die Körpersprache Ihres Verhandlungspartners!

Körpersprache ist keine Momentaufnahme, sondern ein Prozess.

Achten sie deshalb nicht so sehr auf die augenblickliche Körperhaltung Ihres Verhandlungspartners, sondern mehr auf die Veränderungen in der Körperhaltung während der Verhandlung. Wie reagiert Ihr Verhandlungspartner, wenn Sie ein neues Argument einbringen? Eher zustimmend oder eher ablehnend? Wie reagiert er, wenn Sie einen Preis oder ein Limit nennen?

Lenken Sie Ihre volle Konzentration auf die Körpersprache Ihres Verhandlungspartners, wenn Sie argumentieren oder er argumentiert. Achten Sie auf die Veränderungen. Diese Veränderungen sagen sehr viel über die Gefühlslage des Verhandlungspartners aus.

Welche Veränderungen in der Körpersprache habe ich bemerkt?

Meine Verhandlungstipps:

- Solange Sie mit organisatorischen oder inhaltlichen Dingen beschäftigt sind, können Sie sich nicht richtig auf Ihren Verhandlungspartner konzentrieren. Nutzen Sie deshalb die Vorbereitung, um vor einer Verhandlung alles zu erledigen, was Sie später ablenken könnte.
- Bereiten Sie eine Verhandlung so professionell vor, dass Sie sich während der Verhandlung voll und ganz auf Ihren Verhandlungspartner konzentrieren können.
- Hinterfragen Sie die Positionen und analysieren Sie die Motive des Verhandlungspartners.
- Jede Nachricht, die ein Mensch »sendet«, kann analysiert werden.
- Achten Sie bei jeder Äußerung auf die Beziehungsebene.
- Erlernen Sie das analytische Zuhören.
- Hinter jeder Position steht ein Mensch mit Wünschen und Ängsten.
- Geben Sie sich nie mit einer Position zufrieden: Hinterfragen Sie die Motive.
- Stellen sie die richtigen Fragen – das sind alle Fragen, die zu den Motiven führen.
- Geben Sie vor Ihrer ersten Frage eine Begründung für die Fragen.
- Angenommen, nein … = Negative Implikation.
- Angenommen, ja … = Positive Implikation.
- Lassen Sie immer den Kunden den Nutzen formulieren.
- Setzen Sie bewusst Pausen.
- Sammeln Sie so viele Informationen wie möglich.
- Denken Sie an den Erfolg Ihrer Verhandlung und geben Sie nicht auf.
- Stellen Sie ein Gleichgewicht mit Ihrem Verhandlungspartner her.
- Körpersprache ist immer ein Prozess, nie eine Momentaufnahme.
- Achten Sie auf Veränderungen in der Körpersprache während der Verhandlung.

Gesetz 2: Verfolgen Sie Ihr Ziel mit einer klaren Strategie

Nachdem Sie jetzt wissen, welche Motive Sie haben und welche Motive Ihr Verhandlungspartner hat, können Sie sich das Folgende erarbeiten:

- das Ziel,
- die Strategie und
- die Taktik.

Ein **Ziel** ist ein messbares Ergebnis, das präzise festgelegt wird. Sie überlegen sich also vor der Verhandlung, was Sie erreichen möchten. Dabei ist es wichtig, sich neben dem optimalen Ziel auch ein Minimalziel zu überlegen.

→ Welches Maximalziel haben Sie für Ihre Verhandlung?

→ Welches Minimalziel (die absolute Untergrenze) haben Sie für Ihre Verhandlung?

Eine **Strategie** ist eine übergeordnete Leitlinie für das Vorgehen im gesamten Verhandlungsprozess, sie führt Sie von Ihren Motiven zu Ihren Zielen.

→ Welche Strategien haben Sie bisher für Ihre Verhandlung benutzt?

Die **Taktik** ist die konkrete Umsetzung der Strategie, es sind die einzelnen Aktionen.

→ Welche Taktiken haben Sie bisher für Ihre Verhandlung benutzt?

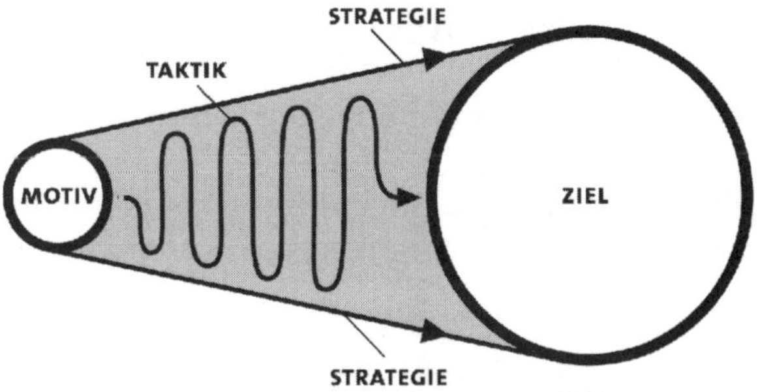

Ausgehend von Ihrem Motiv planen Sie Ihr Ziel für die Verhandlung, dann die Leitlinie zu Ihrem Ziel – die Strategie – und anschließend die konkrete Umsetzung – die Taktik.

Die Strategie

Grundsätzlich gibt es vier Möglichkeiten der Strategieplanung:
→ Druck ausüben
→ Ausweichen
→ Nachgeben
→ Partnerschaft

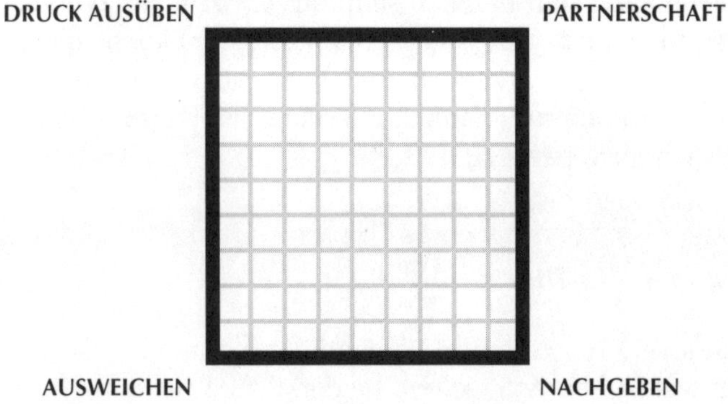

Sie können zwischen vier grundsätzlichen Strategierichtungen entscheiden.

Strategie 1: Druck ausüben

Wenn Sie auf Ihren Verhandlungspartner Druck ausüben, wollen Sie der Sieger sein, Sie allein möchten Ihr Verhandlungsziel erreichen. Dabei ist es Ihnen egal, was mit Ihrem Verhandlungspartner passiert. Hauptsache, Sie erreichen Ihr Ziel.

Strategie 2: Ausweichen

Beim Ausweichen verzichten Sie auf eine Forderung, auf eine Kooperation und auf eine zufrieden stellende Vereinbarung. Sie fliehen vor dem Konflikt und vermeiden somit jede Auseinandersetzung mit dem Verhandlungspartner. Ausweichen macht als Taktik nur Sinn, wenn Sie eine Forderung – erst einmal – ins Leere laufen lassen möchten. Sie vertagen sie damit auf einen späteren Zeitpunkt, wenn Sie glauben, dass Sie mit ihr dann besser umgehen können.

Strategie 3: Nachgeben

Wenn Sie nachgeben, zeigen Sie Ihre Bereitschaft zur Partnerschaft. Sie geben dabei Ihr Ziel zumindest teilweise auf. Diese Strategie kann sehr nützlich sein, um ein Zeichen des Einlenkens zu geben. Ihr Verhandlungspartner kann dieses Zeichen als solches erkennen und Ihnen im Gegenzug ein Stück näher kommen. Er kann es allerdings auch als Einladung zu mehr Druck verstehen.

Strategie 4: Partnerschaft

Diese Strategie macht beide Verhandlungspartner zu Gewinnern. Es werden die Motive von beiden Seiten berücksichtigt. Das setzt natürlich voraus, dass Sie die Motive des Verhandlungspartners genau kennen.

Eine weitere Voraussetzung ist, dass beide eine Zusammenarbeit wünschen und das notwendige Vertrauen besteht. Wenn Sie Ihrem Verhandlungspartner nicht vertrauen, dann können Sie diese Strategie nicht anwenden.

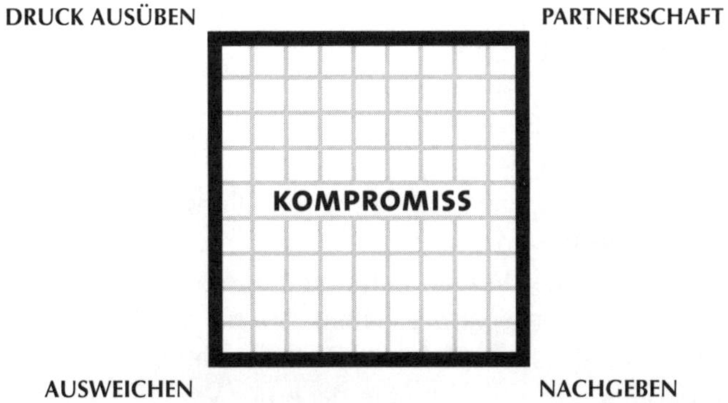

Mit einem Kompromiss verlassen Sie die konsequente Umsetzung einer grundsätzlichen Strategierichtung – zum Nutzen einer halbwegs zufrieden stellenden Vereinbarung

Strategie 5: Kompromiss

Im Kompromiss kooperieren Sie ein wenig, aber nicht vollständig. Das Ziel eines Kompromisses liegt darin, eine halbwegs – auf halbem Weg – zufrieden stellende Vereinbarung zustande zu bringen. Die Verhandlungspartner treffen sich »in der Mitte«; keiner wird richtig zufrieden sein, aber beide können mit der Vereinbarung leben. Der große Vorteil dabei ist, dass immerhin eine Vereinbarung getroffen wird. Zwar keine optimale, aber doch eine Vereinbarung.

Welche Strategie sollten Sie anwenden?

Die Auswahl der für Sie passenden Strategie richtet sich nach folgenden Gesichtspunkten:

→ Wie wichtig ist Ihnen die Vereinbarung?
→ Wie ist die Macht verteilt?
→ Welche gemeinsamen Interessen gibt es?
→ Welche persönliche Beziehung haben Sie zu Ihrem Verhandlungspartner?
→ Wie soll die Beziehung zu Ihrem Verhandlungspartner nach der Verhandlung sein?

Möchten Sie nach der Verhandlung noch ein gutes Verhältnis zu Ihrem Verhandlungspartner haben? Wenn ja, dann muss Ihre Strategie natürlich in Richtung Partnerschaft oder zumindest Kompromiss gehen. Wenn Sie nach der Verhandlung mit diesem Menschen nichts mehr zu tun haben möchten, dann können Sie auch Druck ausüben. Bedenken Sie bitte, dass eine Strategie der Härte auch Härte bei Ihrem Verhandlungspartner produziert.

Welche Beziehung wünschen Sie sich nach der Verhandlung zu Ihrem Verhandlungspartner?

Sie haben jetzt die Bedeutung der verschiedenen Strategien kennen gelernt. Die Frage ist nun, welche Strategie Sie in Ihrer Verhandlung einsetzen sollen. Professionelle Verhandler beherrschen alle genannten Strategien und können sie auch überzeugend darstellen. Sie fordern mit herrschendem Ton, sie weichen aus, geben bei Teilentscheidungen nach, forcieren eine vertrauensvolle Zusammenarbeit oder schließen einen Kompromiss. Überlegen Sie sich, welche dieser Strategien am besten zu Ihrer Persönlichkeit passt.

Mit welcher Verhandlungsstrategie fühlen Sie sich wohl?

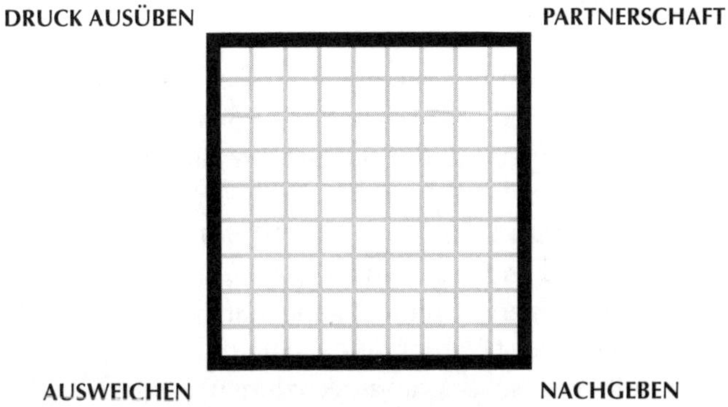

Zeichnen Sie bitte in diese Grafik Ihren derzeitigen Standpunkt ein. Haben Sie bisher eine fordernde oder eher eine ausweichende, eine kooperative oder vielleicht unkooperative Stellung bezogen? Nachdem Sie diesen Punkt markiert haben, zeichnen Sie das Ziel Ihrer Verhandlung in die Skizze ein. Wenn Sie diese beiden Punkte verbinden, haben Sie die passende Strategie für Ihre Verhandlung. Das Gleiche machen Sie jetzt mit dem derzeitigen Standpunkt Ihres Verhandlungspartners und mit dessen Ziel. Die Verbindung der Punkte stellt die Strategie Ihres Verhandlungspartners dar.

Machen Sie sich in der Vorbereitungsphase Folgendes bewusst:

→ Wie wichtig ist Ihnen die Vereinbarung?
→ Welche Folgen hätte eine zufrieden stellende Vereinbarung?
→ Welche Folgen hätte ein Scheitern der Vereinbarung?
→ Welche gemeinsamen Interessen gibt es?

Bei welchen Verhandlungspunkten gibt es gemeinsame Interessen? Je mehr Interessen Sie analysieren, desto leichter lässt sich die Verhandlung führen.

→ Welche persönliche Beziehung haben Sie zu Ihrem Verhandlungspartner?

Vertrauen Sie Ihrem Verhandlungspartner? Wenn nicht, dann ist eine kooperative Zusammenarbeit nicht möglich. Genießen Sie das Vertrauen Ihres Verhandlungspartners? Wenn nicht, dann sollten Sie vertrauensbildende Maßnahmen einleiten.

Bestimmen der Zeit

→ Welchen Zeitrahmen benötigen Sie für Ihre Verhandlung?
→ Ist eine Beschränkung der Verhandlungszeit für Sie sinnvoll?
→ Wenn ja, wie können Sie diese Beschränkung begründen?

Sie bestimmen, wann eine Vertagung sinnvoll ist

Wenn Sie glauben, dass Sie zu einem späterem Zeitpunkt bessere Karten haben, dann ist diese Taktik sehr wirkungsvoll.

Ist eine Vertagung der Verhandlung sinnvoll?

Wenn ja, mit welcher Begründung können Sie eine Vertagung argumentieren?

Meine Verhandlungstipps:

- Wehren Sie sich von Anfang an gegen eine Reglementierung der Zeit seitens Ihres Verhandlungspartners.
- Sie bestimmen die Zeit, indem Sie durch geschickte Argumentation vorgeben, wie lange ein Thema verhandelt wird, wie die Zeit zu Ihren Gunsten eingeteilt wird und wann eine Vertagung sinnvoll ist.

Gesetz 3: Überzeugen Sie mit den richtigen Argumenten

Lassen Sie Ihren Verhandlungspartner zuerst reden

Nutzen Sie die erhöhte Stressdosis Ihres Verhandlungspartners zu Beginn der Verhandlung und den Druck, den viele Gesprächspartner haben und lassen Sie ihn als Erstes seine Position darstellen.

Fassen Sie im Anschluss seine Argumente zusammen und bitten Sie um Richtigstellung. Mit Formulierungen wie »Damit wir uns sicher sein können, dass ich Sie richtig verstanden habe, fasse ich die Argumente zusammen. Ihnen ist wichtig, dass ...«, können Sie die Zusammenfassung einleiten. Nachdem Sie die Rückmeldung bekommen haben, dass Sie Ihn richtig verstanden haben, können Sie Ihre Position darstellen.

Kommunizieren Sie den Nutzen für den Verhandlungspartner

Ihr Ziel ist es, mit Ihrem Verhandlungspartner zu einer zufrieden stellenden Vereinbarung zu kommen. Die ist nur möglich, wenn Ihr Verhandlungspartner für sein Unternehmen oder seine Person einen Nutzen in der Vereinbarung sieht. Lassen Sie ihn nicht lange nach dem Nutzen suchen, sondern kommunizieren Sie ihm klar und deutlich, weshalb eine bestimmte Lösung für ihn nützlich ist. Unterscheiden Sie dabei klar zwischen Vorteilen und Nutzen. Ein Vorteil ist etwas allgemein gültiges, ein Nutzen ist immer individuell.

Welchen individuellen Nutzen können Sie Ihrem Verhandlungspartner bieten?

Verhandeln Sie über einen Zielbereich statt über den Zielpunkt

Wenn Sie bei der Darstellung Ihrer Position bereits den Nutzen des Kunden kommunizieren, kommen Sie nicht in die Gefahr, Positionen zu polarisieren. Eine Polarisierung ist dann gegeben, wenn sich zwei Verhandlungspositionen scheinbar unüberbrückbar gegenüberstehen.

→ Welche Interessen haben Sie?
→ Welche Interessen hat Ihr Verhandlungspartner?

Achten Sie nicht mehr auf die gegensätzlichen Positionen, sondern konzentrieren Sie sich auf die Gemeinsamkeiten.

Nennen Sie sowenig Argumente wie möglich

Eine Argumentation dient einzig und allein dazu, den Verhandlungspartner zu überzeugen und nicht zu unterhalten.

Nennen Sie Ihr stärkstes Argument zuerst

Nennen Sie Ihr stärkstes Argument an erster Stelle, das zweitstärkste Argument am Schluss.

→ Meine Argumente für die Verhandlung:

Die Frage, wie viele Argumente Sie benötigen, hängt natürlich von der Komplexität Ihrer Verhandlung ab. In den meisten Verhandlungen werden aber drei Argumente ausreichen. Drei richtig knackige Argumente sind besser als zehn verschwommene.

Die drei wichtigsten greifen Sie heraus und bringen Sie in folgende Reihenfolge:

1. Das wichtigste Argument
2. Das unwichtigste Argument
3. Das zweitwichtigste Argument

Das erste Argument sollte Ihr stärkstes Argument sein, mit dem Sie einen Pflock in die weitere Verhandlungsführung rammen. Jetzt ist die Aufmerksamkeit am höchsten, Ihr Verhandlungspartner ist noch voll bei der Sache und Sie können durch dieses Argument den weiteren Verlauf bestimmen.

Sprechen Sie die Sprache Ihres Verhandlungspartners

In schwierigen Verhandlungen fühlen sich die meisten unsicher. Unsicherheit wollen wir aber auf gar keinen Fall zeigen. Lieber überdecken wir sie mit einem Rückzug auf unsere Kompetenzen. Kompetenzen zeigen wir am besten dadurch, dass wir uns als Fachmann darstellen, mit Fachbegriffen, Fachphrasen und der Berufung auf Fachkreise.

Entgehen Sie dieser Gefahr und sprechen Sie verständlich. Vermeiden Sie Abkürzungen, Fremdwörter und Fachbegriffe.

Ihr Verhandlungspartner ist überzeugt, wenn er Sie verstanden hat. Sprechen Sie deshalb verständlich.

Überzeugen Sie mit emotionaler Sprache

Sie haben während Ihrer Analyse erfahren, welche Motive Ihr Verhandlungspartner hat. Auf diese sollen Sie reflektieren und sie emotional darstellen.

Greifen Sie die Argumentationen des Verhandlungspartners auf

Greifen Sie die Argumentation auf und führen Sie diese weiter. Dadurch geben Sie Ihrem Verhandlungspartner das Gefühl, dass Sie wirklich zuhören und interessiert sind. Verknüpfen Sie die Argumente anschließend mit Ihren eigenen Argumenten zu einer gemeinsamen Lösung. Durch geschicktes Verknüpfen können Sie die Wichtigkeit der Argumente steuern und für sich nutzen.

Konzentrieren Sie sich auf das schwächste Argument Ihres Verhandlungspartners

Ungeschickte Verhandler bieten Ihnen eine ganze Reihe von Argumenten an. Neben wirklich guten Argumenten bringen sie auch unwichtige Argumente auf den Tisch. Ein schwaches Argument können Sie leicht zu Fall bringen, lassen Sie sich jedoch Zeit. Unternehmen Sie alles, um dieses schlechte Argument als bedeutsam herauszustellen. Sobald sich alle einig sind, dass gerade dieses Argument bedeutsam ist, sollten Sie es widerlegen. Das Bemerkenswerte daran ist, dass die anderen guten Argumente jetzt unter den Tisch fallen und nicht mehr verhandelt werden. Bei mehrwöchigen Verhandlungen funktioniert diese Methode meist nicht, bei Verhandlungen, zu denen Sie nur einmal zusammentreten, aber sehr gut.

Stellen Sie die Wichtigkeit, nicht die Richtigkeit Ihrer Argumente hervor

Sagen Sie Ihrem Verhandlungspartner, warum ein bestimmtes Argument so wichtig auf dem gemeinsamen Weg zu einer zufrieden stellenden Vereinbarung ist. Nicht, weshalb dieses Argument richtig ist – und weshalb Sie Recht haben. Bewerten Sie Ihre Argumente nie selbst als »richtig«, »fair« oder »zielführend«, denn sonst könnten die Argumente des Verhandlungspartners im Vergleich als »falsch«, »unfair« oder »hinderlich« erscheinen.

Sagen Sie nur, was Sie sagen wollten

Überlegen Sie sich vor der Verhandlung, was Sie sagen möchten. Und sagen Sie dann auch nur das, was Sie sagen wollten.

Wenn Sie nichts zu sagen haben – sagen Sie nichts

Gesetz 4: Übernehmen Sie die Führung in der Verhandlung

Erkennen Sie den Stress und nutzen Sie ihn

→ Woran bemerken Sie, dass Sie unter Stress stehen?

Jeder Mensch reagiert in einer Verhandlung anders auf Stress. Reaktionen wie Konzentrationsmangel, Nervosität, erhöhter Puls oder feuchte Hände sind typische Anzeichen.

Gehen Sie auf die Tribüne

Gehen Sie raus aus der Situation und lassen Sie sich nicht weiter reinziehen.

Stehen Sie auf und gehen Sie einige Schritte. Sagen Sie, dass Sie eine kleine Pause haben möchten. Schlagen Sie vor, sich für einige Minuten zu einer Besprechung zurückzuziehen. Holen Sie Getränke oder zusätzliche Arbeitsunterlagen. Das Wichtigste in dieser Situation: Bewegen Sie sich.

Entgehen Sie der Instinkt-Falle

Wenn Sie auf einen unfairen Verhandlungspartner treffen, dann wird er Sie vielleicht in die Instinkt-Falle locken.

Sie können dann nicht mehr abwägen und rational entscheiden. Alles, was Sie dann noch leitet, ist Ihr Instinkt, Sie fliehen aus der Situation oder Sie greifen an.

Wenn Sie angegriffen werden – reagieren Sie nicht

Sie werden angreifen, wenn Ihr Verhandlungspartner Sie angreift. Durch seinen Angriff zwingt er Sie in eine Reaktion, die von Ihren Instinkten gelenkt wird. Sie werden zu einem »Reaktionsautomaten«. Entscheiden Sie sich deshalb nie in einer Stresssituation.

Arbeiten Sie nicht an der Aktion Ihres Verhandlungspartners, sondern an Ihrer Reaktion

Der Gang auf die Tribüne ist der entscheidende Schritt, um den Kreislauf der Stressspirale zu unterbrechen. In der Psychologie wird die Tribüne als **Meta-Ebene** bezeichnet. Auf der Meta-Ebene können Sie in Ruhe die Situation von oben betrachten. Gehen Sie gedanklich in die Rolle eines unabhängigen Kommentators und bewerten Sie die Situation »von oben«. Analysieren Sie Ihre bisherige Vorgehensweise und betrachten Sie dabei genau, an welcher Stelle sich die Verhandlung negativ oder positiv für Sie entwickelt hat.

An welcher Stelle hat sich die Verhandlung für mich negativ entwickelt?

An welcher Stelle hat sich die Verhandlung für mich positiv entwickelt?

Besonders wichtig ist natürlich, warum die Verhandlung eine für Sie negative Entwicklung genommen hat. Weshalb hat Ihr Verhandlungspartner gerade in diesem Moment Oberwasser bekommen?

Übergeben Sie das Problem

Formulieren Sie das gemeinsame Problem und übergeben Sie es. Sagen Sie beispielsweise: »Wir wollen zu einer Vereinbarung kommen. Bei diesem Preisunterschied wird es aber nicht möglich sein. Wie sollen wir weitermachen?«

Gesetz 5: Zeigen Sie Ihre Macht

Eine zufrieden stellende und lang anhaltende Vereinbarung ist nur zwischen zwei gleichberechtigten Verhandlungspartnern möglich. Wenn Sie mit Ihrem Verhandlungspartner nicht auf einer Stufe stehen, werden Sie keinen Erfolg erzielen. Überlegen Sie also bei Ihrer Vorbereitung: Stehen Sie auf der gleichen Stufe, eine Stufe darüber oder eine Stufe darunter?

→ Zeichnen Sie bitte in die Grafik ein, wo Sie und Ihr Verhandlungspartner stehen

Macht nehmen Sie an Ihrem Verhandlungspartner deutlicher und intensiver wahr als an sich selbst. Deshalb werden Sie Ihre eigene Macht meist unterschätzen, die des Verhandlungspartners werden Sie in der Regel überschätzen.

Es ist deshalb wichtig für Sie, die eigene Macht bewusst wahrzunehmen. Wenn Sie nicht an Ihre Macht glauben, werden Sie sich auch entsprechend verhalten und »machtlos« wirken. Damit haben Sie die denkbar schlechteste Verhandlungsposition.

In welchen Verhandlungspunkten besitzen Sie Macht?

Zeigen Sie Ihre Macht!

→ Wie können Sie Ihre Macht darstellen?
→ Was könnten Sie tun, damit das Kräfteverhältnis ausgeglichen wird?
→ Was werden Sie tatsächlich tun, damit das Kräfteverhältnis ausgeglichen wird?
→ Warum werden Sie das tun?
→ Was könnte der Verhandlungspartner tun, damit das Kräfteverhältnis ausgeglichen bleibt?

Sorgen Sie dafür, dass die Verhandlung nicht scheitern kann!

Bei all der Vorbereitung sollten Sie in einer konstruktiven Stimmung an die Beantwortung der Fragen herangehen. Denken Sie nicht darüber nach, was zu tun ist, wenn die Verhandlung scheitert. Denken Sie daran, was zu tun ist, damit die Verhandlung nicht scheitert.

Verhandlungen mit unsympathischen Personen

Ist eine Verhandlung für Sie schwierig, weil Sie es mit einem unsympathischen Verhandlungspartner zu tun haben?
→ Warum ist Ihnen diese Person unsympathisch?
→ Warum bewerten Sie diese Person als schwierig?

Verhandlungen mit irrationalen Personen

→ Aus welchem Grund bewerten Sie einen Verhandlungspartner als irrational?

Alles, was Sie bewerten, bewerten Sie nach *Ihren* Kriterien. Irrational heißt also, was Sie nach Ihren subjektiven Kriterien als irrational bewerten. Wenn Sie sagen, jemand sei irrational, dann ist das einzig und allein Ihr Urteil über einen Menschen – gemessen an Ihren subjektiven Kriterien.

Verhandeln mit arroganten Personen

→ Aus welchem Grund bewerten Sie einen Verhandlungspartner als arrogant?

Arroganz kann eine übertriebene Selbsteinschätzung oder ein Schutzmechanismus wegen eines sehr geringen Selbstwertgefühls sein. In beiden Fällen werden Sie an diese Person nicht »rankommen«, die Arroganz hält Sie wie ein unsichtbares Schutzschild ab. Den Drang nach Anerkennung und Lob können Sie während der Verhandlung gut erfüllen, indem Sie seine Leistungen immer wieder ausdrücklich betonen und anerkennen.

Jede arrogante Person verhält sich anders, auch in diesem Fall kann es keine allgemein gültige Vorgehensweise geben. Das ehrliche Anerkennen der Leistung ist eine Taktik, die Sie jederzeit einsetzen können.

Verhandeln mit Gruppen

→ Welche Rolle nehmen Sie in einer Gruppe ein?
→ Alpha, Beta, Gamma oder Omega?
→ Welche Rolle nehmen Ihre Verhandlungspartner in der Gruppe ein?
→ Alpha, Beta, Gamma oder Omega?

Verhandlungen mit Drogenabhängigen

→ Mit welchen drogenabhängigen Personen haben Sie bereits verhandelt?

Gesetz 6: Brechen Sie jeden Widerstand

Jetzt geht die Verhandlung in die entscheidende Phase. Sie haben

- die Motive analysiert,
- die Strategie und Taktik umgesetzt,
- wirkungsvoll argumentiert,
- jederzeit agiert und nicht reagiert und
- Ihre Macht deutlich gezeigt.

Wenn Ihr Verhandlungspartner jetzt die für beide Seiten zufrieden stellende Vereinbarung unterzeichnet, dann sind Sie am Ziel angekommen. Herzlichen Glückwunsch!

Vielleicht glaubt Ihr Verhandlungspartner aber immer noch an einen Sieg. Er will Sie immer noch in eine Verliererrolle zwingen und den alleinigen Sieg erringen. Er widersetzt sich einer zufrieden stellenden Vereinbarung. Diesen Widerstand müssen Sie brechen, damit er wieder einlenkt.

Je härter sein Widerstand, desto härter müssen ihm zeigen, dass Sie nicht nachgeben werden.

Das heißt nicht, dass Sie jetzt auf seine Aktion reagieren und das Ziel aus den Augen verlieren. Sie verfolgen nach wie vor Ihr klar definiertes Ziel und zeigen dabei dem Verhandlungspartner, dass Sie nicht verlieren werden.

Warnen Sie Ihren Verhandlungspartner

Sollte Ihr Verhandlungspartner seine Grenzen an diesem Punkt der Verhandlung immer noch nicht sehen, dann müssen Sie ihm diese jetzt sehr deutlich aufzeigen. Nicht durch Drohungen, sondern durch eine Warnung.

Auf den ersten Blick scheint sich eine Warnung nicht von einer Drohung zu unterscheiden, da Sie ja in beiden Fällen auf die negativen Folgen eines Scheiterns der Verhandlungen hinweisen. Aber es gibt einen wichtigen Unterschied:

- Eine **Warnung** ist objektiv und respektvoll,
- eine **Drohung** ist subjektiv und feindselig.

→ Welche Warnung können Sie aussprechen?

Ziel der Warnung ist es, dass Ihr Verhandlungspartner die von Ihnen abgesteckten Grenzen erkennt. Ihre Aufgabe ist es, die Grenzen klar zu definieren und als solche zu kommunizieren. Ihr Verhandlungspartner muss deutlich spüren, dass Sie diese Grenzen aus gutem Grund gewählt haben und dass Ihnen deren Aufrechterhaltung sehr wichtig ist. Ihr Verhandlungspartner darf keinen Zweifel an der Ernsthaftigkeit Ihrer Warnung haben.

→ Welche Grenzen setzen Sie Ihrem Verhandlungspartner?

Treiben Sie Ihren Verhandlungspartner nie in eine Ecke

Immer, wenn Sie jemand in die Ecke drängen, gibt es nur eine Richtung, in die er gehen kann: Und da stehen Sie. Er wird seine Energie darauf verwenden, Sie zu bekämpfen, es Ihnen »zu zeigen«.

Emotionalisieren Sie Ihre Warnung

Tatsächlich kann eine Warnung effektiver sein als der Einsatz Ihres Machtmittels. Der Grund: Eine Warnung spielt sich in der Gedankenwelt des Verhandlungspartners ab.

Vielleicht hat Ihr Verhandlungspartner die Konsequenzen eines Scheiterns noch immer nicht erkannt. Stellen Sie ihm Fragen, bei denen er genau überlegen muss, was geschehen wird, falls Sie nicht zu einer Einigung kommen. Statt ihm die Konsequenzen als Schreckensszenario auszumalen, lassen Sie ihn die Folgen selbst formulieren. Wie bereits beschrieben, nehmen die Leute mehr an, wenn sie es selbst formulieren. Lassen Sie ihm die Wirklichkeit eine Lehre sein.

- **Was glauben Sie, was ich tun werde?**

Wenn Sie glauben, dass Ihr Verhandlungspartner die Stärke Ihrer Position unterschätzt, können Sie ihn fragen: »Was glauben Sie, werde ich tun, wenn wir uns jetzt nicht einigen können?« Hier ist es wichtig, dass Sie den Wunsch nach einer gemeinsamen Lösung betonen.

- **Was soll ich Ihrem Rat nach tun?**

Diese Frage zielt in die gleiche Richtung wie die vorherige. Zusätzlich geben Sie Ihrem Verhandlungspartner Anerkennung für seine Position, weil Sie ihm um Rat fragen. Sie vertrauen auf seinen Sachverstand und sein Wissen

Gewinnen Sie nicht gegen ihn, gewinnen Sie ihn für sich

Wenn Sie eine Drohung aussprechen, machen Sie sich Ihren Verhandlungspartner zum Gegner. Seine Aktionen sind gegen Sie gerichtet, Ihre Aktionen sind gegen ihn gerichtet.

Demonstrieren Sie Ihre Entschlossenheit

Ihre Warnung wird ignoriert

Was aber, wenn Ihre Warnung ignoriert wird? Es kann sein, dass Ihr Verhandlungspartner der Warnung keinen Glauben schenkt. Deshalb müssen Sie ihm die Glaubwürdigkeit einer Warnung immer bildhaft vor Augen führen. Diese Demonstration zeigt ihm, was Sie vorhaben, ohne es tatsächlich zu tun.

→ Wie können Sie Ihrem Verhandlungspartner die Warnung bildhaft vor Augen führen?

Machen Sie Ihre Warnung wahr

Sie müssen Ihrem Verhandlungspartner unmissverständlich zeigen, dass er nicht einseitig gewinnen kann und dass es in seinem Interesse liegt, zur Verhandlung zurückzukehren. Das Ziel ist also wieder, eine zufrieden stellende Vereinbarung zu erreichen. Sie sollten deshalb Ihre Mittel nur so lange anwenden, bis Sie Ihr Ziel erreichen – nicht um zu siegen.

Bieten Sie Ihrem Verhandlungspartner eine Möglichkeit zum Einlenken an

Sollte Ihr Verhandlungspartner Ihre Entschlossenheit erkannt haben, dann zeugt es von Ihrer Professionalität, wenn Sie ihm eine »goldene Brücke« bauen. Hier geben Sie ihm die Gelegenheit zum Einlenken.

Wenn Ihr Verhandlungspartner die Brücke nicht betritt:

Nehmen wir einmal an, Sie haben Ihrem Verhandlungspartner eine Brücke angeboten und er hat sie nicht genutzt. Was nun?

Jetzt müssen Sie Ihre Warnung wahr machen und alle angekündigten Aktionen auch durchsetzen. Wenn Sie jetzt einen Rückzieher machen, dann werden Sie Ihr Gesicht verlieren und sich lächerlich machen.

Wenn Ihr Verhandlungspartner nun die Brücke betritt:

Ihr Gegner wird die Brücke gerne betreten, wenn er die Vorteile und Nachteile des Betretens abgewogen hat und zu dem Entschluss gekommen ist, dass die Vorteile für ihn überwiegen. Der Nutzen des Betretens sollte deshalb als großes Schild gut sichtbar auf der anderen Seite aushängen. Kommunizieren Sie ihm nach dem Betreten der Brücke den Nutzen der Vereinbarung. Bestätigen Sie ihm die Richtigkeit seiner Entscheidung und unterstützen Sie ihn bei den nächsten Schritten.

Zeigen Sie nie ein Gewinnerlächeln

Jetzt darf es kein arrogantes Gewinnerlächeln geben. Freude ja – über die gemeinsame Übereinkunft. Jedoch kein Gefühl des Sieges über den zerschmetterten Feind. Wenn Sie sich auch als Sieger fühlen: Üben Sie bitte dennoch allergrößte Zurückhaltung. Wer hier Arroganz versprüht, der bereitet den Boden für den nächsten Konflikt.

Gesetz 7: Sorgen Sie für die Einhaltung der Vereinbarung

Nach der Unterzeichnung: Vertrauen ist gut, Kontrolle ist besser

Halten Sie in der Vereinbarung genau fest, wer was zu tun hat und welche Folgen es haben wird, wenn diese Vereinbarung nicht eingehalten wird.

→ Was genau muss Ihr Verhandlungspartner nach der Übereinkunft umsetzen?

Umsetzung des Vertrags in die Praxis

Eine Vereinbarung ist das Papier nicht wert, auf dem sie geschrieben steht, wenn sie nicht umgesetzt wird. Sorgen Sie deshalb bereits bei der Formulierung der Vereinbarung für die folgenden Bausteine:

- Formulieren Sie die Vereinbarung so, dass Sie keine Vorleistungen zu erbringen brauchen. Erst wenn Ihr Verhandlungspartner beweist, dass er die vereinbarten Punkte auch einhält, erbringen Sie Ihre Leistung. Vertrauen Sie nicht auf Worte, sondern auf Taten.
- Lassen Sie sich durch die Taten des Verhandlungspartners überzeugen und nicht durch Beteuerungen blenden oder täuschen. Wenn Sie sicher sind, dass Ihre Leistung bezahlt wird,

nicht wenn Sie es glauben, setzen Sie die Vereinbarung in die Praxis um. Nehmen Sie beispielsweise von Ihrem Verhandlungspartner zu leistende Anzahlungen in den Vertrag mit auf.

Lassen Sie Ihren Verhandlungspartner dann auch bei der Vertragsunterzeichnung wie einen Sieger aussehen. Loben Sie ihn für seine harte Verhandlungsführung und geben Sie ihm die Rückmeldung, dass er wirklich eine harte Nuss war. Seine Professionalität habe Sie wirklich beeindruckt.

Gestalten Sie die Unterzeichnung der Papiere »feierlich«, natürlich in einem entsprechenden Rahmen. Zeigen Sie Respekt, indem Sie dem Verhandlungspartner immer den Vortritt lassen. Reichen Sie einen Füller und keinen Plastikkugelschreiber. All diese »Kleinigkeiten« hinterlassen einen bleibenden Eindruck. Ein abschließendes Essen sollte selbstverständlich sein.

Geben Sie Ihrem Verhandlungspartner die Bestätigung für die Richtigkeit seiner Entscheidung.

Welche Bestätigung können Sie ihm für seine Person mitgeben?

→ Welche Bestätigung können Sie ihm für sein soziales Umfeld mitgeben?

Literaturhinweise

Robert Cialdini, Die Psychologie des Überzeugens, Toronto 1997
Jeffery Deaver, Schule des Schweigens, New York 1995
A. Edmüller, Manipulationstechniken, Planegg 1999
Brian Finch, 30 Minuten für professionelles Verhandeln, London 1998
Roger Fisher, Arbeitsbuch Verhandeln, New York 1995
Fisher/Ury, Das Harvard – Konzept, Boston 1981
Franz Janka, Verhandlungsstrategien, Niedernhausen 2000
Ralph Jeske, Erfolgreich verhandeln, München 1998
Gunter Krauthan, Psychologisches Wissen für Polizeibeamte, München 1990
Rupert Lay, Dialektik für Manager, München 1974
Georg Macioszek, Chruschtschows dritter Schuh, Hamburg 1995
Abraham Maslow, Motivation und Persönlichkeit, New York 1954
Mark McCormack, Die Schule des Verhandelns, Frankfurt 1997
Alfred Mohler, Die 100 Gesetze überzeugender Rhetorik, München 1984
Leo Reilly, How to outnegotiate anyone, New York 1994
Raymond Saner, Verhandlungstechnik, Bern 1997
Beat Schaller, Die Macht der Psyche, München 1999
Friedemann Schulz von Thun, Miteinander Reden 1 + 2, Hamburg 1981
Christian Sickel, Ohne Nutzen kein Verkauf, Wiesbaden 1999
Douglas Stone, Difficult Conversations, New York 1999
Hansjörg Trum, Psychologie für Polizeibeamte, Stuttgart 1987
William L. Ury, Schwierige Verhandlungen, New York 1991
Zimbardo, Psychologie, New York 1988

Register